전통주 집에서 쉽게 만들기

전통주 집에서 쉽게 만들기

초 판 1쇄	2012년 10월 23일
개정1판 13쇄	2016년 3월 9일
개정2판 41쇄	2023년 10월 5일

지은이	이석준
펴낸이	김순일
펴낸곳	미래문화사
신고번호	제2014-000151호
신고일자	1976년 10월 19일
주소	경기도 고양시 덕양구 삼송로 222, 현대헤리엇 업무시설동(101동) 301호
전화	02-715-4507 / 713-6647
팩스	02-713-4805
이메일	mirae715@hanmail.net
홈페이지	www.miraepub.co.kr
블로그	blog.naver.com/miraepub

ⓒ 이석준 2023

ISBN 978-89-7299-561-6 (13590)

- 미래문화사에서 여러분의 원고를 기다립니다.
  단행본 원고를 mirae715@hanmail.net으로 보내 주세요.
- 이 책은 저작권법에 따라 보호받는 저작물이므로 무단 전재와 무단 복제를 금지하며,
  이 책 내용의 전부 또는 일부를 이용하려면 반드시 저작권자와 미래문화사의
  서면 동의를 받아야 합니다.
- 잘못 만들어진 책은 바꾸어 드립니다.
- 책값은 뒤표지에 있습니다.

· 다양한 막걸리와 청주 따라 빚기 ·

전통주
가양주
집에서 쉽게 만들기

| 이석준 지음

미래문화사

책을 펴내며

시중에 우리 술이 없다

우리에게 밀주密酒라는 가슴 아픈 단어가 있습니다. 어렸을 적 동네 어귀에 국세청 사람들이 나타나면 난리가 났었죠. 할머니는 항아리를 머리에 이고 이곳저곳 감출 곳을 찾아 돌아다녔고 엄마는 동네 어귀 쪽을 바라보며 할머니 뒤를 쫓았고 사람들의 발걸음은 빨라졌습니다. 걸리면 큰일입니다. 그래서 화장실 내에, 퇴비 속에, 툇마루 안에 감추기 위해 이리 뛰고 저리 뛰었던 우리네 삶이 있었습니다. 이것이 밀주 단속입니다. 예고 없는 단속에 사람들은 가슴 조리며 술을 빚었습니다. 이제는 한낱 추억으로 사라진 밀주 단속이 88올림픽을 치르고 1995년 이 땅에서 사라졌습니다. 1909년 일제에 의해 금지되었던 가양주家釀酒가 다시금 세상에 빛을 보게 된 것입니다. 그러나 이 땅에 술이 사라진지 오래 되었으니 참으로 안타까울 노릇입니다.

역사책인 《제왕운기》의 고구려 건국 담에 술에 얽힌 이야기가 있듯이 우리 민족에 있어서 술의 역사는 2,000년 넘게 삶과 함께한 역사라 해도 과언이 아닐 것입니다. 조선시대에는 집집마다 다양한 비법의 가양주를 빚으며 아름답고 훌륭한 가양주 문화를 꽃피웠고, 차례를 지내거나 제사를 지낼 때는 자신이 빚은 술로 직접 예를 올리는 것이 우리네 풍습이었습니다. 우리 조상들은 술을 마신다고 하지 않고 먹는다고 표현하며 술을 단순히 음료로 생각하지 않고 음식으로 생각해 왔습니다. 또한 음식에 대한 약식동원藥食同源 사상은 술에도 녹아 있어 과하지 않게 반주로 먹는 술은 약이 된다고도 하였습니다. 이렇듯 술에 대한 우리 조상들의 생각은 깊고도 깊은데 지금 우리 술은 어디에 있습니까?

시중에 막걸리가 붐을 이루고 '처음처럼', '참이슬' 등 소주류가 범람하고 맥주에 양주, 사케까지 가세를 하며 시장에 넘쳐나는데 정작 우리 술은 어디에 있습니까? 일제는 1909년, 그동안 우리민족의 삶과 함께 해온 가양주를 빚지 못하게 하고 일본의 기술을 들여와 양조장을 세워 주세酒稅를 받으며 술이 필요하면 사서 마시도록 하였습니다. 그리고 집집마다 빚어오던 술을 밀주 단속이라는 명목으로 통제를 가해 그동안 집집마다 빚어 오던 600여 종의 우리 술은 몰래 숨어 빚어 오던 몇 종류를 제외하고는 거의 사라진 것이 현실입니다.

현재 붐을 이루고 있는 시중 막걸리도 엄밀하게 말하면 일본 술이라 볼 수 있습니다. 양조장 막걸리는 옛 우리 조상들이 빚어왔던 전통방식이 아니고 일본기술에 의한 입국(곡식을 증자한 후 특정 국균을 배양하여 만든 국)으로 술을 빚고 이스트를 첨가하는 방식으로 술을 빚으니 우리 전통주라고 말할 수 없는 것입니다. 희석식 소주도 주정에 물을 타고 아스파탐 등으로 가미하니 정통 우리 술이라고 할 수 없을 것입니다. 그러기에 세상에 '우리 술'이 없는 것입니다.

늦은 감이 있지만 다시 우리 술을 찾아야겠습니다. 우리 술을 세상에 내놓고 이것이 정말 우리 술이라고 큰소리 쳐야겠습니다. 옛 우리 조상들이 즐겨 마셨던 우리 술은 거의 사라지고 술 같지도 않은 술들이 우리 술 행세를 하고 있으니 우리 술을 다시 재현하고 복원하는 작업을 해야겠습니다. 또한 현대인의 입맛에 맞는 우리 술을 개발하여 세계화하려는 노력이 어느 때보다 필요한 때입니다. 후학들에게 전통주를 가르치고 연구하는 사람으로서 책임감을 느낍니다.

시중에 전통주 책이 없다

요즈음 막걸리 붐을 타고 전통주와 관련된 많은 참고 서적들이 서점가에 진열되어 있습니다. 그 책들을 바라보면서 참 많이 안타까웠습니다. 전통주를 빚고 싶은데, 막걸리를 빚어 가족들과 이웃들과 마시고 싶은데 어느 한 책도 자세히 전통주 빚는 방법을 가르쳐 주는 책이 없다는 점입니다. "막걸리란 무엇인가?"하는 형이상학적인 책은 많은데 실질적으로 책을 보면서 전통주를 빚고자 하면 하나도 빚을 수 없는 것이 현재 서점에 진열된 책들이 아닌가 생각을 합니다.

여기 진짜 전통주 책을 내놓습니다. 기존 서점가를 장식한 그런 전통주 관련 책이 아닌 이론과 실습 중심의 책이라고 할 수 있습니다. 그동안 후학들을 지도해 오면서 느꼈던 점, 혼자 술을 빚으며 느꼈던 점을 남김없이 털어 놓으며 실질적으로 술을 빚을 수 있는 안내서를 내놓기 위해 노력했습니다.

우리 조상들이 전통 누룩을 가지고도 깊고 풍부한 맛과 향을 느끼는 술을 빚어 왔듯이 여기에 기술된 모든 술들은 전통 누룩을 가지고 술 빚는 방법을 기술하였습니다. 일체의 입국, 개량 누룩, 이스트, 아스파탐 등을 배격하고 오로지 쌀과 전통 누룩만 가지고도 최고의 맛을 내는 방법을 기술하였습니다.

이것이 웰빙입니다. 우리 조상들은 전통 누룩만 가지고도 맛과 향이 뛰어난 건강에 좋은 술을 빚어 마셨는데 오늘날 사람들은 과학이라는 미명 아래 일본식 누룩인 입국과 이스트를 이용하여 술을 빚고 맛이 나지 않으니까 인공감미료인 아스파탐(아스파탐의 유해론은 별도)을 가미하여 술을 만드는 방법을 찾고 배우고 있으며, 이것을 전통주라고

책을 펴내며

큰소리 치고 있으니 참으로 답답하기만 합니다.

　여기에 기술된 모든 술들은 전통 누룩을 이용하여 술 빚는 방법을 기술하였고 본인이 전통주 교육을 하면서 가능한 직접 술 빚는 과정을 사진을 찍어 올려놓았으니 설명과 사진을 참조하면 충분히 맛있는 술을 스스로 빚어 드실 수 있을 것입니다. 우리 조상들은 효소가 무엇인지, 효모가 무엇인지도 모르면서도 맛있는 술을 빚어 드셨다고 볼 때 이를 공부하고 빚는 후학들은 참으로 행복하다고 할 수 있을 것입니다.

우리 술을 세계적인 술로

아무쪼록 이 책을 통해 독자 여러분이 우리 고유의 전통술들을 직접 빚음으로 해서 우리 술의 우수성을 몸으로 배우고 익히며, 더 나아가 우리 술을 세계적인 술로 거듭나게 해줄 장인이 독자 여러분 가운데서 나오길 바랍니다. 끝으로 이 책이 나오기까지 옆에서 많은 조언을 아끼지 않은 김경섭님, 동문회장 허좌영님, 부회장 정종배님을 비롯하여 이사회 이사님들과 최고지도자과정 및 학교 졸업생 동문 선생님께 감사 드리고 이 책 출간에 힘써주신 미래문화사 대표 임형오님께 감사의 마음을 전합니다.

차 례

책을 펴내며 4

01 기본편

전통주 이야기 —— 14
술의 어원 · 14 / 전통주의 역사 · 15

전통주 이해하기 —— 20
술의 원료 · 21 / 술이 만들어지는 원리 · 22
당화와 발효 · 24 / 효모와 효소 · 25

전통주의 분류 —— 30
술 함께 빚기 준비 · 35
도구 · 36 / 재료 · 40 / 계량 단위 · 43

술 빚을 때 몸과 마음가짐 —— 44

02 누룩편

누룩 이야기 —— 50
누룩이란 · 51 / 입국 그리고 개량 누룩 · 52
누룩의 이유 있는 문제들 · 53 / 누룩의 종류 · 57

누룩 함께 띄우기 —— 58
누룩 띄우기 과정 · 58 / 누룩 띄우는 단계 · 62
완성된 누룩 판별법 · 64 / 보관 · 65
누룩 사용하기 · 66

통밀 누룩 함께 띄우기 ——— 68
이화곡 함께 띄우기 ——— 70
새앙 누룩 함께 띄우기 ——— 72

03 막걸리편

막걸리 이야기 ——— 76
　전통 막걸리와 시중 막걸리와의 차이 · 77
　탁주, 막걸리, 동동주는 어떻게 다른가? · 78
　맛있는 막걸리 만들기 · 80

막걸리 함께 빚기 ——— 82
　고두밥 만들기 · 85

부의주浮蟻酒 함께 빚기 ——— 90
소담素淡 막걸리 함께 빚기 ——— 92
백설白雪 막걸리 함께 빚기 ——— 94
삼일三日 막걸리 함께 빚기 ——— 96
청감주靑甘酒 함께 빚기 ——— 98
술 발효 시키기 ——— 100
막걸리 걸러 마시는 방법 ——— 105
몸에 좋은 막걸리 ——— 110

04 청주편

삼양주 이야기 ——— 120
삼양주三醸酒 함께 빚기 ——— 121
    한 번 빚음, 주모1(밑술) 함께 빚기 · 124
    주모1 덧술 시기 · 126 / 두 번 빚음, 주모2 함께 빚기 · 128
    주모2 덧술 시기 · 130 / 세 번 빚음, 덧술 하기 · 132
    덧술 후 진행되는 상태 · 134

맑은 술 채주방법 ——— 136
불패의 술 삼양주 응용하기 ——— 138
함께 빚기 ——— 141
석탄주惜吞酒 함께 빚기 ——— 142
단호박주 함께 빚기 ——— 146
홍국주紅麴酒 함께 빚기 ——— 148
복분자주覆盆子酒 함께 빚기 ——— 150
당귀주當歸酒 함께 빚기 ——— 154
새앙주 함께 빚기 ——— 158
두견주杜鵑酒 함께 빚기 ——— 160
삼해주三亥酒 함께 빚기 ——— 164
동정춘洞庭春 함께 빚기 ——— 168
쌀과 물 양 ——— 174
술이 실패하는 이유 ——— 180

05 소주편

소주 ——— 186
감홍로 甘紅露 함께 빚기 ——— 187
증류란 ——— 191
과하주 過夏酒 ——— 195
과하주 함께 빚기 ——— 196
과하주란 ——— 200
알코올 도수 측정하기 ——— 205

05 부록

식초 함께 담그기 ——— 212
알코올 도수 보정표 ——— 216
참고 문헌 ——— 224

· 01 ·
기본편

전통주 이야기

술의 어원

술의 어원은 밝혀진 것이 없으나 술이 빚어지는 과정으로 미루어 그 본디 말은 수블 또는 수불로 보는 견해가 많다. 즉 술은 찹쌀을 쪄서 식힌 뒤 누룩과 주모를 버무려 섞고 일정량의 물을 부어 발효시키는데 혐기성(산소가 없거나 산소의 농도가 아주 낮은 곳에서 살며 자라는 세균의 성질)에서는 열을 가하지 않더라도 어느 정도의 시간이 지나면 부글부글 끓어오르면서 거품이 괴어오르는 화학적인 변화현상이 나타난다. 이것은 옛 사람들에게 참으로 신비롭고 경이로운 경험이었을 것이다. 이 신비롭고 경이로운 현상을 보고 그들은 "물에서 난데없이 불이 붙었다."는 생각에서 '수불'이라 하였을 것으로 생각된다.

물론 보다 정확히는 '물불'이라 하는 것이 옳겠지만 물은 한자로 '수'에 해당하므로 수불이라 했을 것이란 추측이다. 고려시대 말엽의 기록인 《계림유사》(중국 송나라의 손목이 고려의 풍습, 제도, 언어 등을 소개한 책)에 '수'자로 기록되어 있고, 《조선관역어》(중국어와 국어의 대역어휘집)에는 '수본'으로 적고 있으며 조선시대 문헌에는 '수울' 또는 '수을'로 기록되어 있어 결국 '수불'이 '수블'→ '수울' → '수을'→ '술'로 변하게 되었음을 추측할 수 있다.

전통주의 역사

고대와 삼국시대의 전통주

우리나라 최초의 술에 관한 기록은 《제왕운기帝王韻紀》(1287)의 고구려 건국 담에 실려 있다. 하백의 세 딸 유화, 선화, 위화가 더위를 피해 청하(지금의 압록강)의 웅심연에서 놀고 있었다. 이때 천제의 아들 해모수가 세 처녀를 보고 그 아름다움에 도취되어 신하를 시켜 가까이 하려했으나 그들은 응하지 않았다. 그 뒤 해모수가 신하의 말을 듣고 새로 웅장한 궁실을 지어 그들을 초청했는데, 초대에 응한 세 처녀가 술 대접을 받고 만취한 후 돌아가려 했다. 해모수는 앞을 가로막고 하소연하였으나 세 처녀는 달아났다. 그 중 유화가 해모수에게 잡혀 궁전에서 잠을 자게 되었는데 정이 들고 말았다. 그 뒤 주몽을 낳으니, 이 사람이 동명성왕으로 후일 고구려를 세웠다 한다. 우리나라는 상고시대에 이미 농업이 가장 중요한 산업이었으므로 고구려 건국 담에 나오는 술은 곡주穀酒였을 것이다. 전래 전통주의 형성기로는 삼국형성 이전이며, 삼국형성기에 이미 전통 곡주가 빚어졌다.

삼한시대에는 고대 문헌인 《삼국지 위지동이전三國志 魏志東夷傳》에 보면 추수를 끝내고 하늘에 제사 지내는 제천의식인 영고, 동맹 등 여러 행사에 「주야음주가무晝夜飮酒歌舞」하였다는 기록이 있다. 그리고 삼국시대 통일신라시대의 술에 관한 기록은 《삼국사기》, 《삼국유사》 등에 나오기도 한다. 그러나 고대 우리나라 역사책에는 술 제조법에 대한 문헌이 남아있지 않아 어떻게 술을 빚었는지는 알 수 없으나 우리 술의 명성은 중국에까지 인기가 높았다고 한다.

고려시대 양조 기법의 성장기

고려시대에는 여러 종류의 양조 기법이 성장기를 맞이하게 되었다. 《고려도경高麗圖經》에 보면 우리나라 술은 청탁이 분명한 청주와 탁주였음을 시사하고 있다. 이밖에 소주에 대한 것이 고려시대의 한 기록에 나오는데 이것은 이미 그 때에 외국 술이 도입되었음을 뜻한다. 우리나라의 증류주는 징기스칸의 손자 쿠빌라이가 일본을 원정할 때에 한반도에 진출하여 개성을 거쳐 그들의 병참기지로 삼았던 안동에서 다시 전진 기지인 제주도로 함께 건너갔다. 소주가 특히 개성, 안동, 제주의 것이 유명한 것은 이 때문으로 보인다.

소주는 그렇게 고려 때에 전래되어 조선조 들어서서 더욱 애용된 것 같다. 그 이유는 그 당시 곡류로 된 술은 냉장 저장기술의 미발달로 온도가 높을 경우 시어지는 경향이 높았는데 소주(증류주)는 도수가 높아 시어지는 것이 방지되어 지체 높은 집안일수록 소주를 애용한 것으로 문헌에 나온다. 고려시대는 찹쌀 생산이 적어 주로 멥쌀로 술을 빚었던 것으로 보인다.

조선시대, 가양주 문화의 전성기

조선 전기에 이르러서는 멥쌀보다 찹쌀 위주의 양조를 한 것으로 보아 찹쌀의 재배가 많이 보급된 것으로 보여진다. 그리고 양조 기법도 발달하여 단양주(한번 빚는 술) 위주에서 다양주(여러 번 빚는 술)로 전환되었고 점차 고급화되어 백로주, 삼해주, 이화주, 청감주, 부의주, 향온주, 하향주, 춘주, 국화주 등이 자주 빚어진 기록이 있다.

이와 같이 조선시대에 이르러서는 그 전성기를 이룩하게 되어 집집마다 독특한 비법의 가양주(집에서 빚은 술)들이 빚어져 500여 년간 가양주 문화가 활짝 꽃피우게 된다. 예로부터 우리 조상들은 집안에서 제사를 모시고 집안의 경조사에 쓰일 음식을 장만하였으며 술을 빚어 쓰는 풍속이 있었다. 그래서 지역마다 또는 집집마다 독특한 재료를 써서 누룩을 만들고 꽃이나 열매, 그리고 산야에서 구해오는 약초들이 모두 술의 재료가 되었다. 그래서 좁은 국토에서 빚어진 술이라고는 믿어지지 않을 정도로 다양한 술이 빚어졌다. 문헌에 나오는 술의 종류만 600여 종이 넘고 오늘날 재현된 술의 종류만 370여 종에 이르는 것으로 보아 우리 조상들의 술에 대한 독특한 생각과 가양주 문화를 알 수 있다.

전통술을 단순한 기호음료가 아니라 음식이라고 생각했다. 술을 마신다고 하지 않고 술을 먹는다는 표현을 보아도 알 수 있다. 술이 음식이기 때문에 오미가 잘 조화된 맛있는 술이 좋은 술이라고 하였고 음식이기에 과하지도 모자라지도 않게 먹는 것이라고 생각했다.

또 가양주 문화가 번성한 이유로는 역대 왕도의 금주정책으로 인해 양조장에서의 대량 양조보다 집에서 빚어 마시는 가양주가 널리 퍼져 있어 다양하고 독특한 술들이 전해져 내려오게 되었다. 또한 우리 민족에게는 고대로부터 음식이 곧 좋은 약이라는 약식동원 藥食同源 사상이 자리 잡고 있었으며, 술의 부재료로 몸에 좋은 약재를 사용해 술을 빚었기 때문에 생약재의 고유한 약효 외에 술은 적당히 마시면 몸을 이롭게 하는 약이 된다고 생각해 왔다.

조선 후기에는 혼양주(서로 다른 주류를 혼합한 술) 기법으로 과하주(발효주와 증류주를 섞어 만든 술)와 송순주(소나무의 새순을 넣어 빚은 술) 등이 있었다. 조선시대 술과 관련하여 술 이름과 만드는 방법 등을 수록하고 있는 문헌은 《증보산림경제增補山林經濟》, 《음식디미방》, 《주방문酒房文》 등 여러 문헌이 있다.

술의 이름 또한 다양해서 흰 노을과 같다하여 백하주, 개미알이 뜬것 같다 하여 부의주, 푸른 파도 빛을 띤다 해서 녹파주, 연꽃향기가 난다하여 하향주 등 운치 있는 전통주들의 이름이 유명하다. 조선시대 술 빚기는 누룩을 이용한 방법이 일반화되면서 여러 가지 양조와 관련한 전문용어들이 나타난다.

일제 및 해방기 그리고 오늘

다양한 종류의 가양주 전성기도 1909년 일제침략으로 국권이 넘어가고 그들이 우리 문화의 근본인 술의 문화, 가양주 문화를 말살하고자 하는 명목과 세금을 걷는 수단으로 주세법을 만들고 양조장 외에는 술을 만들지 못하게 하고 양조장을 통해 술을 팔면서 주세를 걷는 등 본격적인 세금 수탈로 이어지며, 양조장 이외의 장소에서 만들어지는 술 즉, 밀주에 대한 단속을 강화하면서 우리 고유의 전통 민속주는 사라지게 되고 가양주 문화도 점차 소멸되어 갔다.

겨우 일부 제사, 혼사 등에 쓰기 위해 몰래 빚어 사용하는 것으로 그 명맥을 이어가던 전통주는 국권이 회복된 광복 후에도 서양 술의 급속한 유입과 식량부족, 정부의 미흡한 주세 정책 등으로 70여 년간 전통주는 긴 침체기를 보내야 했다. 급기야 카바이드(당시 불 밝히는데 사용했던 화학물질)로 발효를 한 카바이드 막걸리가 유행을 하고 주정에 물을 희석하고 조미료를 넣어 만드는 소주가 우리 전통주의 맥을 잇는다고 할 정도로 웃지 못 할 일들이 우리 주변에서 벌어지고 있었다.

다행히 1980년대 후반에 쌀의 과잉생산과 1988년 서울올림픽 개최를 계기로 전통술의 복원과 발굴이 시작되었고, 1995년 판매를 목적으로 하지 않으면 가정에서 술을 빚을 수 있도록 용인하여 다시 가양주를 재현할 수 있게 되었다.

이어 2010년 가양주는 다시 한 번 도약의 기회를 맞았다. 우리 전통주의 세계화에 정부가 관심을 기울여 주관부서가 전통주를 그 동안 주도적으로 이끌어 왔던 국세청에서 농림수산식품부로 바뀌게 되었고 이로 인해 각종 전통주와 관련된 제약들이 획기적으로 개선되고 있다. 즉, 농민주 제조장 규모 및 인허가 제도가 손쉽게 되었고 전통주의 판매가 인터넷 판매로 확대되는가 하면, 가양주 생산자가 기존 양조장과 결합 생산 판매할 수 있는 길이 열리게 되었다. 그리고 최근 막걸리 붐을 타고 그동안 밀가루 위주로 만들었던 막걸리에서 쌀막걸리로, 살균 막걸리에서 생 막걸리로 전환되는 등 질적인 면에서도 많이 개선되고 있어 어느 때보다 우리 술 전통주의 발전이 기대된다.

전통주 이해하기

우리 술은 《제왕운기帝王韻紀》(1287)에 나와 있는 것과 같이 이미 고대 삼국시대부터 술을 만들어 마셔왔을 정도로 오래된 역사를 가지고 있다. 이런 오랜 역사 속에서 우리 조상들은 술이 만들어지는 원리를 과학적으로 규명하고 연구하지는 못했다 할지라도 분명한 것은 오랜 경험으로 맛있는 술을 만드는 방법을 알았고 이를 발전시켜 온 것만은 분명하다.

비록 일제 강점기를 통해 우리 술 제조법이 많이 사라졌고 해방 후에도 식량 부족 등으로 밀주 단속이 지속되었지만, 그런 어려운 환경 속에서도 우리 술을 지켜온 명인들이 계셨기에 후학으로서 우리는 과거 조상들이 빚었던 전통주를 올바르게 이해하고 우리만의 전통주를 발전시켜 나가야 할 것이다.

우리 술이 어떤 원리로 만들어지는지 알고 가자. 술은 어떤 과정을 거치고, 어떤 원리로 만들어지는 것인가? 쌀에 누룩을 넣고 버무려 항아리에 놓아두면 술이 되는가? 또 이렇게 생성된 술이 우리가 마시기에 적합한 술인가? 의문이 들 것이다. 술이 빚어지는 원리를 이해하면 술 빚기가 한층 더 수월해질 것이다.

술의 원료

인류역사상 가장 오래된 술은?

우리 인류가 가공음료로 만든 것 중 가장 역사가 오래된 것이 술인데 그 술 가운데서도 가장 역사가 깊은 것은 어떤 술일까? 옛날 원시 시절, 인간의 조상 중 하나가 갈증이 나서 물을 찾던 중 우연히 웅덩이에 고여 있는 액체를 마시고 그 특이한 맛에 흥분했다. 맛있는 술이 발견된 것이다. 땅에 떨어진 포도가 웅덩이에 고여 액체가 된 것을 마신 것인데 그것이 오늘날 포도주다. 어떻게 포도가 술이 될 수 있을까?

침으로 술을 만든다

'시미즈 세이찌'라는 일본사람이 젊어서 절에서 수행하며 원숭이와 친하게 지냈는데 원숭이들이 몰래 술을 담가 먹는다는 사실을 알고 놀랐다. 원숭이들이 산에 있는 도토리와 머루를 입으로 씹어서 일정한 장소에 두면 술이 된다는 걸 알고 기다렸다가 마셨다는 것이다. 《위서물길국전緯書勿吉國傳》의 "곡물을 씹어서 술을 빚는데 능히 취할 수 있다."와 《지봉유설之峯類說》(1613)에 처녀들이 만드는 '미인주', 오키나와의 '일일주' 등에도 그 내용이 기록되어 있다.

두 이야기를 보면 알 수 있듯이 술은 과실류 등의 당질 원료와 곡물류 등의 전분질 원료로 만들어진다.

당질 원료 포도와 같은 과실류와 사탕수수, 당밀 등 포도당을 함유하고 있는 원료 (예 : 포도주, 사과주, 브랜디 등)
전분질 원료 쌀, 밀, 옥수수 등과 같은 곡류와 감자, 타피오카, 고구마 등 주성분이 전분으로 구성된 원료 (예 : 막걸리, 청주, 맥주, 위스키)

원료별 주류 종류

	꽃	과실	식물 줄기	식물 뿌리	곡류	두류	초.근.목.피	동물성 원료
주원료	벌꿀 꽃 줄기즙	포도 사과 배	사탕수수 용설란 감자	고구마	쌀 대맥(소맥) 고량 수수	커피, 카카오	향료식물(Herb) 과실 꽃잎	우유 계란 등
주성분	포도당 과당 설탕	포도당 과당	설탕 다당류 전분	전분	전분	향미	향미	향미
주류	벌꿀주, 야자주 등	과실주, 브랜디, 사과주 칼바도스, 배술 등	럼, 뿔케, 데킬라, 소주 등	리큐르	소주	청주, 소주, 약주, 맥주, 위스키, 고량주 등	베르무트, 리큐르, 진	유주(마유주 등), 리큐르 등

술이 만들어지는 원리

당질 원료와 전분질 원료는 각각 술이 만들어지는 과정이 다르다. 술은 포도당이 있어야 만들 수 있는데 과실류 등 당질 원료는 원래 포도당을 다량 가지고 있어 별도의 포도당 만드는 작업이 필요 없고 효모만 투입하면 술을 만들 수 있는데 반해 곡물류는 주성분이 전분으로 되어 있어 전분을 일단 포도당으로 바꾸는 작업이 필요하다. 이 때 투입되는 것이 효소이다. 효소에 의해 전분이 포도당으로 바뀌면 효모를 투입하여 술을 만들게 되는 것이다.

따라서 술을 만들 때 과실과 같은 당질 원료는 효모가, 쌀과 같은 전분질 원료는 효소와 효모가 필요하며 이들이 작용하는 일련의 과정을 당화糖化와 발효酸酵라고 한다.

우리 전통주는 곡물을 이용하여 술을 빚어 왔다. 전분의 당화와 발효의 과정을 이해하면 술을 만들기가 훨씬 수월해질 것이다.

당질 원료

전분질 원료

우리나라 주세법의 술에 대한 정의

"주류라 함은 주정(희석하여 음료로 할 수 있는 것을 말하며, 불순물이 포함되어 있어서 직접 음료로 할 수는 없으나 정제하면 음료로 할 수 있는 조주정을 포함한다)과 알코올 분 1° 이상의 음료(용해하여 음료로 할 수 있는 분말상태의 것을 포함하되, 약사법에 의한 의약품으로서 알코올분 6° 미만의 것을 제외한다.)를 말한다." 라고 언급하고 있으며, 에틸알코올 제조를 크게 두 가지로 나누어 발효법과 합성법으로 구분하고 합성법에 의한 주정은 음용을 불허하고 발효법에 의한 것만 음용을 허용하고 있다.

따라서 우리나라에서는 주류를 발효법에 의해 만들어진 주정 또는 알코올 도수 1° 이상의 음료를 주류라고 해석하면 된다.

술이 만들어지는 원리

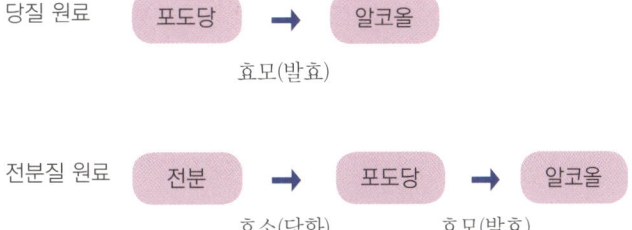

알코올 생성방법

1. **발효법**醱酵法 곡물이나 과실 등에서 만들어진 포도당이 효모에 의해 알코올과 탄산가스가 발생하는데 이러한 일련의 과정을 발효라고 한다.

전분n($C_6H_{10}O_5$)+물 n(H_2O) → 포도당n($C_6H_{12}O_6$) → 알코올2n(C_2H_5OH) + 탄산가스2n(CO_2)
　　　　　　　　　　당화(효소)　　　　　발효(효모)

2. **합성법**合成法 원유로부터 에틸렌(Ethylene)을 수증기와 함께 고온·고압으로 촉매 위를 통과시키는 직접 가수법으로 알코올을 생성하는데 이를 합성법이라 한다.

에틸렌($CH_2 = CH_2$) + 물(H_2O) = 알코올(C_2H_5OH)

당화와 발효

당화

술이 만들어지기 위해서는 반드시 포도당이 있어야 한다. 포도당이 없으면 술을 만들 수 없다. 포도당을 만드는 일련의 과정을 당화糖化라고 한다.

전통주의 주원료인 곡물은 주성분이 전분으로 되어있어 전분을 일단 포도당으로 바꾸는 작업이 필요하다. 이 때 투입되는 것이 효소이다.

발효

당화과정을 거친 전분에 효모를 투입하면 알코올과 탄산가스가 만들어져 술이 완성된다. 효모가 포도당을 알코올과 탄산가스로 분해하는 일련의 과정을 발효라고 한다.

발효과정에서 가장 중요한 것은 미생물, 즉 효모이다. 전분을 포도당으로 변화시키는 효소는 미생물이 아니고 곰팡이류가 만들어내는 일종의 물질인데 반해, 효모는 미생물로서 포도당을 알코올과 탄산가스로 변화시키는 작용을 한다. 여기서 포도당은 알코올 49%, 탄산가스 51%로 변화하게 된다. 이를 발효라고 한다. 술 제조에 있어 효소와 효모의 개념을 잘 알아야 좋은 술을 빚을 수 있다.

술이 잘되기 위해서는?
술은 일단 포도당이 있어야 되기 때문에 전분을 분해하는 효소가 많아야 빨리 많이 전분을 포도당으로 변화시킬 수 있다. 이것을 달리 이야기 하면 좋은 곰팡이 즉, 미생물이 많아야 상대적으로 많은 수의 효소를 가지며 이러한 많은 효소들이 많은 양의 포도당을 생성할 수 있기 때문에 미생물(곰팡이)의 증식이 술 제조에 있어서 중요하게 작용한다.

전통주의 도수가 18°이상이 나오기 어려운 이유
효모는 당을 에너지로 사용하여 알코올과 탄산가스를 만들어 내는데 이 효모가 자기가 만든 알코올과 탄산가스에 의해 기능을 상실하거나 사멸되기 때문에 더 이상의 알코올이 생성될 수 없는 것이다. 높은 도수의 술을 만들려면 청주를 증류하여 소주를 만들어야 한다.

효모와 효소

효소는?
효소는 누룩 속의 곰팡이가 분비하는 물질로 미생물이 아니며 전분 분해력을 가지고 있다. 미생물(곰팡이류) 및 동식물 체내 생활 세포에서 생산되는 유기 촉매로서 단순 단백질 또는 단백질과 다른 물질이 결합된 복합 단백질로 되어 있다. 또한 효소는 비교적 저온에서 작용하며(적정온도 30~40℃) 80℃의 고온에서는 파괴되는 성질을 가지고 있다. 그 중 α-amylase는 큰 전분분자를 작은 전분분자로 분해시키는 작용을 하고, gluco amylase는 분해된 전분분자를 더 작은 전분분자인 glucos(포도당)으로 분해한다. 여기에 효모는 포도당에 작용하여 알코올을 생성하게 된다.

효소를 분비하는 곰팡이, 국균
된장, 간장, 술 등에 사용되는 곰팡이류를 국균이라고 하는데 이 곰팡이에서 효소를 분비한다. 국균은 색깔에 따라 백색, 황색, 녹색, 흑색 등을 띠는데 다음과 같은 종류의 균이 있다.

아와모리 흑국균(Asp. Awamori, Asp.niger, Asp.usamii) 균총이 흑색 또는 흑갈색의 전분 당화력과 단백질 분해력과 구연산 생산력이 다른 균보다 높아 주정 제조에 사용한다. 발육온도는 30℃~35℃이다.

가와지 백국균(Asp Kawachii) 흑국균의 변이주로 띄운 국으로 산생산성이 높고 흑국균에 비해 당화력이 강하여 막걸리 또는 약주 제조에 많이 사용된다.

황국균(Asp Oryzae) 일본의 사케, 장류(간장, 된장, 고추장) 제조에 사용하는 중요 곰팡이로 전분과 단백질 분해력이 강하다.

거미줄 곰팡이(Rhizopus) 균총은 백색을 처음에 띠나 점차 회백색, 회흑갈색으로 변하는 곰팡이 이다. 발육온도는 12~35℃ 정도이다.

효모는?
1857년 파스퇴르에 의해 발효는 미생물에 의해 이루어진다는 사실이 밝혀지기 전까지는 술이 발효되는데 무엇이 작용하는지를 알지 못하였고 더구나 살아있는 미생물인 곰팡이와 효모가 술에 작용한다는 것을 알 수가 없었다. 다만 우리 조상들은 어림짐작으로 누룩에 피는 곰팡이류가 술에 작용한다는 것을 알고 누룩 만드는데 공을 들였을 것이다.

1. 효모의 형태
효모는 원형에 가까운 타원형의 단세포로 표면은 두터운 세포벽과 세포막으로 둘러싸여 있고 속에는 세포질이 차 있다.

2. 효모의 증식
효모는 세포의 일부가 불룩해지고 싹과 같은 작은 돌기가 생기는 출아법으로 증식을 하며 어미세포가 둘로 분리되는데 걸리는 시간을 세대시간이라 하고 그 증가 속도는 둘이 넷이 되고 넷이 여덟이 되는 등 기하급수적으로 증가하게 된다.
이때 효모의 세대시간은 약 1.87시간(1시간 52분)으로 약 2시간 마다 증식을 하게 된다.

3. 효모의 호흡
포도당액에 효모를 넣어 공기가 있는 호기적(好氣的)으로 배양하면 호흡 작용을 하여 당분을 효모의 증식에 사용하게 되고 공기가 없는 혐기적(嫌氣的)으로 배양하면 효모는 발효작용을 하며 당분을 에너지로 이용하기 위해 분해하여 알코올과 탄산가스를 생성한다.
술을 빚을 때 이를 이용하여 초기에는 많이 혼합해 주면서 공기의 주입을 가능한 많이 해주어 효모 증식을 도모한다. 그 후에는 공기의 유입을 차단하여 효모가 알코올 생성을 왕성하게 해야 좋은 술을 빚을 수 있다. 술을 빚고 나서 혼합을 자주 해주지 않는 이유가 여기에 있다.

4. 효모의 생육조건
효모는 미생물의 일종이므로 생존하기 위해서는 물, 탄소원, 질소원 등이 필요하다. 생육에 필요한 온도는 대개 22~25℃ 이고 pH는 3~4정도의 약산성이며 35℃를 넘어가게 되면 기능이 상실되기 시작하고 60℃ 에서 파괴된다.

발효 방식

1. 단발효식

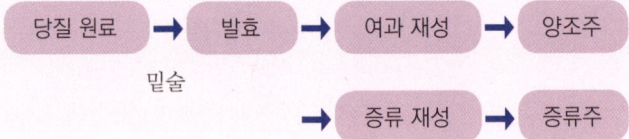

2. 복발효식

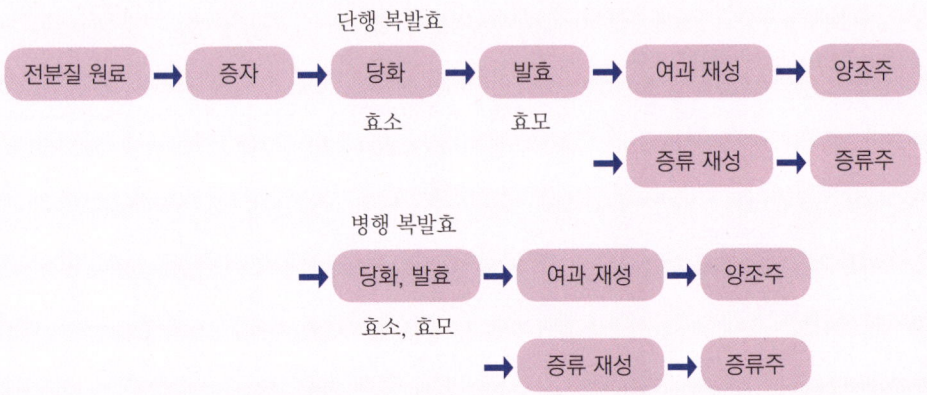

발효의 종류

1. **알코올 발효**   효모가 포도당을 에너지로 이용하기 위해 분해하는 과정에서 알코올과 탄산가스가 생성되는데 이런 일련의 과정을 알코올 발효라고 한다.
2. **젖산 발효**   젖산균이 당과 접촉하여 젖산으로 만드는 과정을 젖산발효라고 하며 이러한 젖산은 술덧(쌀+물+누룩 등이 혼합되어 있는 것)의 pH농도를 3~4로 떨어트려 곰팡이와 효모가 생육하는데 도움을 주고 반대로 pH6에서 증식하는 일반 세균의 생육을 저지하여 술덧 내부의 오염을 방지하는 역할을 한다. 젖산은 유산균 일종으로 맛이 시큼하다.
3. **초산 발효**   알코올이 공기와 접촉되면서 초산균에 의해 초산이 만들어지는 과정으로 아세트산 발효라고도 한다. 알코올이 초산으로 변질되면 술의 신맛이 강해지고 초산 발효가 더 진행될 경우 술이 식초가 된다. 술 빚을 때 가장 유의해야 하는 것이 초산균에 오염되지 않도록 하는 것이다. 술덧 내외부의 소독을 철저히 하고 알코올 함양이 가능한 빨리 10% 이상이 되도록 하여 초산발효가 일어나지 않도록 해야 한다. (초산이 좋아하는 알코올 함량 : 5~10%)

미생물의 증식 및 발효단계

미생물이 증식하고 알코올을 생성하는 과정에는 다음과 같은 단계가 있다.

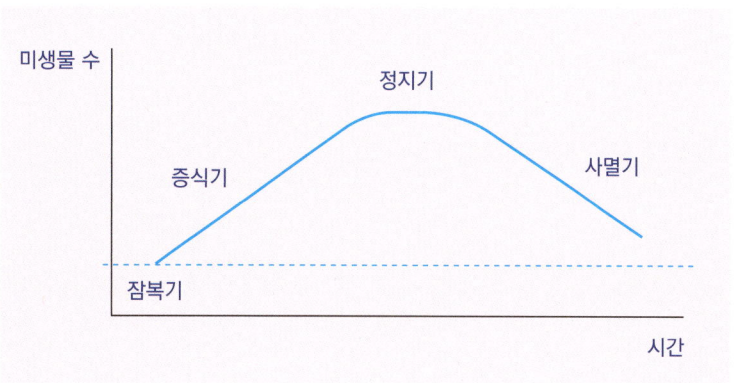

1. 잠복기(Log phase)

대사 활동은 왕성하고, 세포의 크기는 증대하지만 균수는 거의 증가하지 않는 단계로 누룩에 있는 적은 미생물들이 증식하지 못하고 몸집을 부풀리면서 증식하기 위해 준비하는 단계이다.

이 단계에서는 아직 알코올이 생성되지 못해 타 잡균에 쉽게 오염되므로 사용하는 발효통, 도구들을 철저히 소독하고 물은 끓여 식혀 사용하는 등 잡균에 오염되지 않도록 각별히 주의 해야 한다.

2. 증식기(Logarithmic phase)

서서히 분열이 시작되고 증식이 급속히 이뤄지는 단계로 균수가 일정한 세대시간을 갖고 증가한다. 즉, 잠복기를 거쳐 이 단계에서는 미생물이 기하급수적으로 세대시간마다 증식을 거듭하면서 그 수가 빠르게 증가하여 왕성하게 전분이 포도당으로 변하고 포도당이 알코올로 변하는 등 발효가 빠르게 진행된다.

이 단계에서는 발효가 진행되면서 알코올도 생성되지만 탄산가스도 분출되기 때문에 탄산가스로 인해 술덧 내부의 곡물 등이 끓어 올랐다가 내려가기도 하고 술 표면에 기포가 터지며 "솨~"하는 소리가 요란하게 나기도 한다. 소리뿐만 아니라 맛을 보면 시큼 달콤한 맛과 제법 알코올 향과 맛을 느낄 수 있다.

3. 정지기(Stationary phase)

생균수가 최대한 되지만 영양소가 결핍되고 생성된 알코올, 이산화탄소 등에 의해 생육에 불리한 조건이 되어 증식이 활발하게 진행되지 못하는 반면 사멸도 함께 일어나 전체적인 미생물의 수에 변동이 없는 상태이다.

즉, 증식기를 거치면서 미생물은 최대로 증식이 되었지만 공급된 곡물량의 고갈로 미생물이 증식이 중단된 상태로 또 이 단계에서는 증식된 미생물들이 알코올을 최대한 생산한 결과 오히려 생성된 높은 알코올 도수와 많은 탄산가스로 인해 생육에 제한을 받기도 하는 시기이다. 따라서 이 단계에서는 더 이상 증식은 물론 술도 만들지 못하고 잠잠한 상태가 되어 술 표면에는 거품도 없고 소리도 들리지 않는다.

4. 사멸기(Death phase)

미생물의 세포가 사멸하기 시작하여 미생물의 수가 감소하게 된다. 즉, 이 시기는 더 이상 곡물 투입이 없어 미생물이 생을 마감하는 단계이다. 미생물의 수가 감소를 시작하면서 술 표면에는 잡균에 오염되기 시작하여 술이 변패하게 된다. 미생물의 사멸은 꼭 곡물투입이 없기 때문에 일어나는 것만은 아니다. 온도가 너무 높을 경우에도 발생한다.

미생물이 좋아하는 온도 그중에서 효모가 생육하는데 좋은 온도

술 빚을 때 정지기 상태라면?

주모酒母(미생물을 배양해 놓은 술로 술빚기에 중요한 발효제)의 경우 정지기에서는 효소가 당화와 발효 등 미생물들이 할 수 있는 역할은 다했기 때문에 투입된 곡물은 모두 소진된 상태로 추가로 곡물이 투입되지 않으면 미생물들은 굶어 죽을 수밖에 없다. 이 단계에서 덧술을 추가로 하지 않을 경우 효모수의 급감과 그로 인해 초산균 침입에 따른 초산발효로 술이 시어지는 등 사멸기로 접어들게 된다.

덧술한 이후 나타나는 발효 단계라면 효소가 투입된 고두밥(쌀을 증기를 이용 고슬고슬하게 찐 밥)을 이용 전분을 포도당으로 만들고 또 만들어진 포도당을 효모가 알코올로 변화시키면서 발효과정을 왕성하게 진행하다가 이제 자기가 만든 높은 도수의 알코올 때문에 움직임이 둔화되는 시기이다. 이때의 술의 상태는 고두밥이 술덧 윗 표면에서 밑으로 가라앉고 맑은 술이 표면 위에 뜬다. 가끔가다 탄산가스의 기포가 터지기는 하나 발생이 미약하고 소리도 잠잠하다. 이 시기에 채주하여 술을 취하면 된다.

이 이야기는 지금 이해가 잘 가지 않을 수도 있다. 직접 술을 빚으며 다시 읽어보면 좋다.

는 22~25℃인데 이 이상으로 품온(발효통 내부의 온도)이 높아지면 미생물은 높은 온도로 활동력이 극히 저하되고 차츰 사멸의 길을 걷게 된다.

보쌈하는 방법

술을 빚는 방법 중 보쌈을 하는 방법이 있다. 온도가 낮을 경우 온도를 높여 미생물의 움직임을 활발하게 하여 효과적으로 술을 빚고자 술덧 겉에 이불 등을 덮어 두는 방법인데 이 방법의 가장 큰 단점이 미생물의 활동 둔화 및 사멸이다. 자칫 잘못 관리하면 금방 품온이 올라가 미생물 활동이 둔화되기 때문에 술이 시어지는 원인이 된다.

추운 겨울에도 보쌈 대신 미생물 배양 방법을 이용하여 증식된 미생물로 술을 빚는다면 실패 확률이 적고 맛있는 술을 빚을 수 있다.

전통주의 분류

우리나라 술은 문헌에 의하면 삼한시대 이전부터 전래되어 오랜 시간 거쳐 오면서 발전해왔다. 특히 삼한시대를 거쳐 고려시대에 다양한 주류가 만들어 졌고 조선시대에 와서는 가정에 따라, 지방에 따라 다양한 양조방법이 개발되면서 그 종류도 매우 많아지게 되었다.

대체로 우리 전통주는 막걸리류(탁주류), 청주류, 약주류, 소주류 등으로도 나눌 수 있다. 또 술을 한번 빚느냐, 두 번, 세 번 빚느냐에 따라 단양주, 이양주, 삼양주로 분류할 수 있다. 우리 조상들은 오랜 경험을 통해 술을 빚을 때 밑술에 덧술 빚는 횟수를 달리하는 방법을 통해 다양한 주품이 생산된다는 것을 알았다. 특히 겨울철에는 날씨가 추워 미생물의 활동이 활발하지 않아 술 빚기가 어렵게 되자 이를 해결하기 위해 여러 번 빚음을 하는 등 미생물을 배양하며 술을 빚어 왔다.

빚는 방법에 의한 분류

단양주 單釀酒

한번 빚어서 얻는 술을 단양주라고 한다. 고두밥(쌀을 증기를 이용 고슬고슬하게 찐 밥)을 물과 누룩을 넣고 버무린 후 항아리에 담아 볕이 없는 선선한 곳에 나두어 7일 후에 취하는 술을 말한다. 대표적인 술로 부의주, 연엽주, 청양구기자주, 일일주, 삼일주, 하일청주, 동방주, 보경가주, 송엽주, 계명주, 청감주, 하일점주, 죽엽주, 포도주법, 백자주, 하엽주, 백출주, 오메기주, 지황주, 이화주 등이 있다.

단양주는 대부분 여름에 빚는다. 여름에는 온도가 높아 미생물의 움직임이 활발해 한번 빚음을 하여도 좋은 술을 얻을 수 있다.

이양주 二釀酒

두 번 빚어서 얻는 술을 이양주라고 한다. 이 제조 방법은 밑술로 술을 만든 다음 덧술로 한번 더해 술을 빚는 방법이다. 즉, 밑술은 멥쌀을 가루로 내어 범벅 또는 죽을 쑤어 식힌 것에 누룩을 넣고 버무린 후 어느 정도 발효가 진행이 되었으면 덧술로 고두밥을 혼합시켜 항아리에 담아 발효를 시킨 후 취하는 술이다. 이양주의 대표적인 술로는 절주, 두강주, 청명주, 하향주, 향온주, 유화주, 행화춘주, 진양주, 진상주, 일두주, 육병주, 오호주, 만년향, 연해주, 집성향, 소곡주, 벽향주, 백화주, 녹파주 등이 있다.

이양주는 대체로 미생물 활동이 둔화된 봄, 가을에 빚은 술로서 한번 더 술을 빚음으로 해서 미생물의 개체수를 늘려 술 빚는 방법이라 볼 수 있다.

삼양주 三釀酒

1차, 2차를 통해 미생물의 배양을 극대화 시킨 후 3차에서 고두밥을 넣어주는 방법으로 빚는 술을 삼양주라고 한다. 즉, 밑술은 멥쌀을 가루로 내어 범벅, 죽 또는 구멍 떡을 만들어 식힌 것에 일정한 누룩을 넣고 버무린 후 항아리에 담고 어느 정도 발효가 진행되면 1차 덧술로 밑술의 과정을 반복하여 미생물을 배양, 주모를 만든 후 다시 2차로 고두밥을 쪄 덧술을 한 번 더 해주는 방법이다. 삼양주로는 삼해주, 호산춘, 순향주, 성탄향, 삼오주, 일년주 등이 있다.

삼양주는 대체로 겨울철에 빚는다. 겨울철에는 온도가 낮아 미생물의 활동이 미약하여 한 번 더 덧술을 해줌으로 해서 미생물을 배양하여 개체 수를 늘려 안정적으로 술을 빚고자 시도했던 방법이라 할 수 있다. 그러나 반드시 삼양주를 겨울에만 빚을 것이 아니라 봄, 여름, 가을에도 빚을 수 있는데 이 경우 많은 미생물의 활동에 의해 알코올 도수가 높으면서도 깊고 향이 좋은 술을 얻을 수 있다. 단양주의 알코올 도수가 6~7°의 저도주여서 보존기간이 1주일 이내라면 이양주는 도수가 10~13°로 높아 술의 보존기간이 1개월 정도 되고, 삼양주 이상은 17~18°로 보존기간이 1년이 넘는다.

사양주 四釀酒

밑술을 한 번 한 후 이어서 덧술을 두 번 하고 이어서 고두밥으로 덧술을 한 번 더 해주는 등 4번 빚음을 하여 술을 빚는 방법이다. 여기서 사용하는 방법이 미생물 배양이다. 이어서 오양주, 육양주 등이 있겠다.

과하주 過夏酒

발효주를 빚는 과정에 일정량의 증류주를 넣어 만드는 술로서 알코올 도수를 높여 장기보존이 가능하고 독특한 향과 맛을 가진다.

과하주는 1670년 《음식디미방》(경북 안동과 영양일대에 살았던 정부인 안동 장씨에 의해 쓰인 것으로 한글로 된 최초의 조리서)에 처음 등장하는 술 제조방법이다.

거르는 방법에 의한 분류

막걸리

막걸리는 원래 서민들이 애용하던 술인데 요즘음 대단한 인기를 얻고 있다. 막걸리는 탁한 탁주에 물을 섞어가며 막 걸러 마시는 술이다. 대부분 단양주로 빚어 체로 치거나 망에 걸러서 마신다. 이양주나 삼양주에서는 발효가 끝난 후 용수를 박아 맑은 술을 떠내고 남은 지게미에 물을 넣어 체로 걸러 마신다.

그러나 이양주, 삼양주에서도 발효가 끝난 후 용수를 박지 않고 맑은 술과 탁한 술을 혼합하여 마실 수 있는데 술이 독하면서도 향이 그윽하고 깊은 맛을 느낄 수 있는 술이 된다. 이 때 물을 가미하면 부드러우면서도 풍미가 높은 술이 된다. 이것이 고품격 막걸리이다.

청주(약주)

주세법을 보면 둘의 관계가 모호하다. 청주가 원래 우리 전통술이었으나 주세법에는 일본의 입국으로 빚은 맑은 술을 청주로 부르고, 맑은 우리 술을 약주라 칭하고 있다.(누룩이 쌀량 대비 1% 이상이면 약주, 1% 미만이면 청주이니 누룩을 사용하는 우리 술은 약주가 되고 누룩을 사용하지 않고 입국을 사용하는 일본 술은 청주라고 한다.) 막걸리에 비해 맑은 술이며 발효가 끝난 발효통에 용수를 박고 맑은 술이 고이면 떠낸다.

소주

걸러진 청주에 소주 고리를 걸어 증류하면 알코올 도수가 높고 장기보존이 가능한 증류주를 얻을 수 있다. 일반 양조주는 알코올 도수가 낮아서 장기보존이 불가능한데 이러한 결점을 없앤 것이 소주다.

첨가 재료에 따른 분류

가향 약주
독특한 향기를 얻기 위해 술에 꽃, 식물의 잎 등을 넣어 빚는 술을 말하며 송절주, 송엽주, 송화주, 죽엽주, 국화주, 백화주, 하엽주, 두견주 등이 있다.

약용 약주
약용식물을 함께 넣어 빚은 몸에 좋은 술을 말하며, 복령주, 오가피주, 지황주, 당귀주 등이 있다.

술 함께 빚기 준비

도구와 재료를 준비해서 이제 함께 술을 빚어보자. 도구와 재료 준비에 선뜻 엄두가 나지 않을 수도 있지만 간단하게 생각하자. 빚겠다는 마음이 중요하고 실행에 옮기는 것이 필요할 뿐이다. 일단 술을 빚자! 시도해 보는 것이 중요하다. 항아리가 없다고 술 빚는 것을 주저하지 말고 집에 있는 그릇 등을 이용하여 일단 술을 빚자. 눈으로 생각하는 것과 실제 손으로 쌀가루를 만지고 누룩을 손질하는 것과는 다르다.

전통주는 항아리가 적합?
항아리가 가장 전통주 빚기에 적합한 용기로 보여지나 무겁고 소독하기도 어려우므로 처음에 술 빚는 사람들은 다루기 쉬운 스테인리스 제품을 이용하고 익숙해지면 항아리에 도전해 보는 것이 좋을 듯하다.

소금항아리, 김치항아리 사용해도 되나?
곰팡이와 효모 등 미생물은 외부환경에 민감하게 반응한다. 다른 용도로 썼던 항아리에서는 미생물이 활발히 활동할 수 없어 술의 발효에 영향을 주므로 사용해서는 안 된다. 아무리 깨끗이 씻어 사용한다고 하더라도 항아리에는 미세한 숨구멍이 있고 이 안에는 무수한 세균 등이 기생한다고 볼 때 세척과 소독이 미치지 못하는 부분과 항아리에 배어 있는 냄새가 술의 맛과 향을 좋지 않게 만들 수 있다.
가능한 새 항아리를 사용하고 술을 빚었던 항아리를 사용할 경우에도 깨끗이 세척하고 살균·소독한 후 사용한다.

도구

 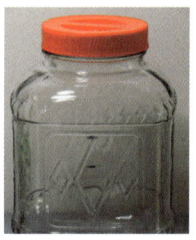  

발효통 발효통으로는 전통적으로 사용해온 항아리와 최근에 개발된 스테인리스 통, 플라스틱 통, 유리병, 나무통 등을 사용한다. 각 용기마다 장단점이 있으니 선택에 유의할 필요는 있다.

발효통 크기는 담는 양에 비해 지나치게 큰 것은 사용하지 않는 것이 좋고 내용물이 2/3 정도 채워지는 크기면 적당하다. 발효통에 여유가 많은 만큼 공기 중의 다른 잡균에 오염될 가능성이 많기 때문이다. 따라서 자신이 빚는 쌀 양과 물 양을 계산하여 적절한 크기의 발효통을 사용하도록 하자. 때에 따라서는 1/2이상의 여유가 필요한 경우도 있다. 범벅으로 밑술을 했을 경우 많이 끓어올라 넘칠 수 있기 때문이다.

양푼 쌀을 씻고 침수시키는데 사용하는 양푼은 소, 중, 대가 있는데 형편에 맞는 제품을 구입하되 가능한 스테인리스로 된 제품이 무난하다.

발효통 장단점 분석

구분	장점	단점
항아리	전통적으로 우리 조상들이 사용해온 옹기로서 숨구멍으로 숨을 내쉬기 때문에 미생물이 생육하기에 적합한 환경을 조성함. 따뜻한 성질로 외부 온도변화에 민감하게 반응하지 않아 미생물 생육에 적합	항아리 내외부의 살균 소독이 어렵다. 대용량으로 만들기가 어렵고, 대규모 기계시설을 장착할 수 없음. 무겁고 깨지기 쉬움
스테인리스	발효통 내 외부의 살균·소독이 용이함. 가볍고 견고함. 기계시설을 장착하기 용이함.	통이 얇아 외부 온도변화에 민감하여 미생물 생육에 방해 됨. 철 성분이 미생물 생육을 저해시킬 수 있음.
플라스틱	가벼움	환경호르몬이 나올 수 있음. 용기 살균소독에 문제 있음.
유리병	투명하여 술의 발효 진행과정을 볼 수 있다.	깨지기 쉬움. 외부 온도변화에 민감함. 용기 살균·소독에 문제 있음.
나무통	외부 온도변화에 민감하지 않아 미생물 생육에 적합	용기 살균·소독에 문제 있음. 용기 재사용에 어려움. 용기가 무거워 이동에 어려움.

찜솥 체 주전자

깔때기 거름망 주걱

용수 계량컵 온도계

찜솥 쌀을 쪄 고두밥을 만들 때 사용하는 도구로서 크기가 반말용, 한말용으로 크기가 나뉜다. 가능한 큰 것이 고두밥 찌기에 편리하다.

체 쌀가루를 곱게 내릴 때 사용하는 도구로서 나무로 된 체와 스테인리스로 된 체가 있다. 스테인리스 제품이 녹이 발생하지 않고 위생적이다.

주전자 물을 끓일 때 사용한다. 10리터용 주전자가 적당하다.

깔때기 숙성이 완료된 술을 병에 넣는데 사용한다.

거름망 보통 한복 속감으로 거름망을 만들어 술을 거를 때 사용한다. 용수를 이용 맑은 술이 고이면 퍼내고 남은 술을 거를 때는 찜 솥을 깨끗이 소독한 후 찜솥 내의 찜기에 거름망을 놓고서 발효통에서 지게미를 포함 술을 퍼서 거름망에 놓고 짜서 거른다.

주걱 주걱은 가능한 깨끗하게 소독하여 사용한다. 종류에는 나무와 플라스틱 등이 있는데 나무는 잘 말려 사용하지 않으면 곰팡이가 발생할 수 있으므로 주의해야 한다.

용수 발효가 어느 정도 완료되면 맑은 술을 떠내게 되는데 이 때 사용하는 것이 용수이다. 대부분 대나무로 엮어 둥글고 길게 만들어 졌는데 사용할 때는 찜기 등에 넣고 여러 번 삶아 주어야 술통에 박았을 때 대나무 냄새가 술에 배지 않는다.

계량컵 시중에 나와있는 1리터, 2리터, 3리터용 계량컵 중 1리터와 3리터용을 많이 쓰게 된다.

온도계 발효시킬 때 품온 등을 잴 때 사용한다.

용기 살균 · 소독 방법

짚불 소독

깨끗이 씻어 말린 항아리를 짚불 위에 올려놓고 직화 소독하는 방법으로 조상들이 널리 사용하였던 방법이다. 이 방법은 뜨거운 연기가 항아리 숨구멍에 있는 잡균까지 소독시켜주는 장점이 있는 반면 다 태우고 난 후 재로 검게 그을린 항아리 내부를 끓인 물로 깨끗이 닦아 주어야 하는 불편한 점이 있다. 항아리가 클 경우에는 항아리 안에다 짚불을 태워 연기로 소독을 한다.

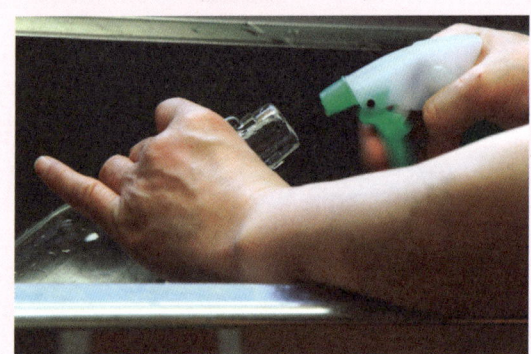

증류주 소독

50~60°되는 증류주를 스프레이 통에 담아서 소독하고자 하는 도구에 뿌려서 소독하는 방법이다. 이 방법은 상기 증기 소독 등을 한 후 2차적으로 시행할 수 있는 소독방법이 되겠다. 또는 시중에서 팔고 있는 소독용 에탄올을 스프레이 통에 넣고 뿌려 소독하는 방법인데 화학약품이므로 다시금 마른 행주로 닦아 내는 등 사용에 주의해야 한다.

증기 소독
그릇에 물을 끓이고 그 위에 항아리를 엎어 놓아 뜨거운 증기로 항아리 내부를 소독하는 방법이다. 항아리 소독은 증기소독을 이용하면 편하게 할 수 있다. 다만 무거운 항아리를 들어 엎어 증기를 쏘이는 것이 쉽지만은 않다. 집에서는 뚝배기에다 물을 끓이고 그 위에 항아리를 엎어 증기로 소독하는데 맨 윗부분이 손 데일 정도로 뜨거울 때까지 소독한다.

가스 불 소독
가스 불을 아주 약하게 켜놓고 그 위에 항아리 등을 엎어 놓고 열기로 항아리 내부를 소독하는 방법으로 자칫 잘못하면 항아리가 깨질 수 있으니 주의해야 한다.

끓이는 소독
스테인리스 통을 소독하는 방법으로 스테인리스 통에 약간의 물을 담고 불에 올려놓아 물을 끓여 내부를 소독하는 방법이다. 내부를 손쉽게 소독할 수 있다.

재료

술을 빚을 때 술의 성패와 맛과 향의 특성을 좌우하는 조건 중 가장 중요한 역할을 하는 것이 원료와 발효제를 어떤 것을 사용하였는가 하는 것이다.

쌀 등 곡물

쌀 등 곡물류는 다당류인 전분으로 구성되어 있어 별도로 효소를 투입, 전분을 포도당으로 만들어 주는 과정을 한 번 더 거쳐야 한다. 빠른 시간 내에 많은 양의 포도당을 만들고 많은 양의 알코올을 만들기 위해서는 전분이 잘 분해될 수 있는 곡물을 사용해야 한다.

술 빚기 좋은 쌀은 햅쌀로서 분도 수가 11분도 이상으로 도정이 많이 된 백미가 전분 분해가 잘되어 술 빚기 좋은 쌀이라고 할 수 있다. 이 쌀로 술을 빚으면 향이 깊은 좋은 술이 된다.

좋은 물

술은 80% 이상이 물이라고 하여도 과언이 아닐 정도로 물은 술에 있어서 절대적이라 할 수 있다. 그럼 어떤 물이 좋은 물인가? 일단은 세균이 없는 물이어야 한다. 세균에 오염된 물은 술을 부패시킬 수 있으므로 끓여 식힌 물을 사용해야 한다. 또한 무색투명하고 잡취가 없으며, 중성 내지 약알칼리성이어야 하며 적당량의 유효성분을 함유하고 있어야 좋은 물이라고 할 수 있다.

따라서 좋은 물이란 적당량의 유효성분 즉, 미생물의 생육과 발효에 필수적인 칼륨(K)과 마그네슘(Mg) 무기질과 효소의 추출과 안정화에 필요한 칼슘(Ca)과 염소(Cl) 등이 들어 있는 물인데 이러한 물을 끓여 식혀 사용할 경우 좋은 물이라고 할 수 있다.

햅쌀과 술

술은 햅쌀로 빚어야 제 맛이 난다. 추수시기가 아닌 경우에는 최소한 1년 내 생산된 제품이어야 하고 도정이 최근인 쌀이어야 술맛이 괜찮다. 오래된 쌀은 고미화古米化되어 쌀의 생명력이 약화되고 발아력이 떨어지며 전분 조직이 굳어지고 묵은내가 나서 좋은 술을 빚을 수 없다.

쌀 도정과 술

벼를 도정하여 백미를 생산하게 되는데 쌀의 표면(외피)에는 단백질과 지방성분이 많아 술의 품질에 영향을 줄 수 있어 좋은 술을 빚기 위해서는 외피를 많이 도정한 쌀을 사용하게 된다. 도정이 많이 되었을 때는 물의 흡수성이 좋고 전분 구조가 느슨하고 연약하여 효소에 의해 분해가 잘 되어서 빠른 시간 내에 많은 포도당이 만들어 질수 있다.
우리나라는 대체로 분도 수가 11분도 이상의 백미를 술에 사용하는데 일본의 경우는 이보다 더 도정(40~60%)하여 사용하거나 술 제조만을 위한 쌀을 별도로 재배하여 사용하기도 한다.

지하수를 술 제조에 사용할 수 있나?

깊은 산골에서 채취한 개울물, 약수물, 수돗물, 생수, 오염되지 않은 지하수 모두 술의 양조에 사용할 수 있다. 다만 끓이더라도 유효성분은 남아 있기 때문에 사용할 경우에는 반드시 끓여 사용해야 술의 오염을 막을 수 있다.

누룩

누룩은 알코올을 발효시키기 위한 미생물을 모으기 위해 만들어 놓은 미생물의 집을 말한다. 즉, 쌀가루, 밀 등 곡류를 분쇄하여 물과 반죽하여 성형한 후 자연 상태에 두면 공기 중의 야생 곰팡이가 번식을 시작한다. 이때 번식된 곰팡이 중에는 곡물의 전분을 분해하여 포도당을 만드는데 필요한 곰팡이麴류와 포도당을 알코올로 만드는데 필요한 효모가 모여 들어 미생물의 집을 이루게 된다.

누룩은 전문적으로 누룩을 제조하는 공장에서 구입사용하거나 자가 제조하여 사용한다. 공장에서 제조하는 것은 대량 생산하는 것이므로 풍미가 다양하지 않다. 그러나 자가 제조하는 것은 각각 개성에 따라 자기만의 색깔을 내는 누룩을 제조할 수 있어 술을 특화시키기 위해서는 자가 제조가 바람직하다.

본 책자에서는 전통 누룩을 중심으로 우리 술을 손쉽게 빚는 방법을 설명한다. 누룩의 제조방법 등에 대하여는 누룩편에서 자세히 다루기로 한다.

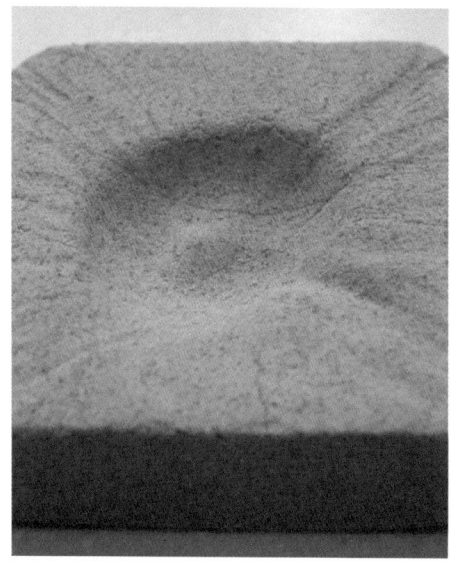

전분, 자세히 알기

멥쌀과 찹쌀
전분은 아밀로즈(Amylose)와 아밀로펙틴(Amylopactin)이라는 두 물질로 이루어져 있는데 멥쌀은 15~30%의 아밀로즈와 70~85%의 아밀로펙틴으로 구성되어 있어 조직이 단단하다. 멥쌀로 술을 빚으면 찹쌀에 비해 단맛은 적으나 드라이한 맛을 내는 깔끔한 술을 만들 수 있다.

찹쌀은 아밀로즈는 거의 없고 전체가 아밀로펙틴으로 구성되어 있어 멥쌀보다는 조직이 느슨하여 쉽게 파괴되고 당화가 빨리 된다. 또한 전분 성분이 다소 비발효성 당으로 남기 때문에 멥쌀에 비해 단맛이 나는 술을 빚을 수 있다.

감칠맛나는 단맛이 나는 술을 빚고자 하면 찹쌀 비중을 높이고 드라이한 독한 술을 빚고자 하면 멥쌀로 술을 빚으면 된다.

현미 또는 흑미로 술빚을 수 있나?
현미는 도정을 거의 하지 않은 쌀로 외피가 매우 단단하다. 술을 빚기 위해서는 효소가 쌀의 전분을 분해하여 포도당으로 만들어야만 효모가 포도당을 이용, 알코올을 생성할 수 있는데 현미는 외피가 매우 단단하여 효소가 쌀의 전분조직을 잘 분해하지 못하는 경우가 발생하고 그래 술이 시어 지는 등 제대로 술이 되지 않는 경우가 많다.

흑미도 쌀의 구조가 매우 단단하여 술 빚기 매우 어려운 쌀이다. 이외에도 미국에서 생산된 쌀과 중국에서 생산된 쌀 중에도 전분조직이 단단하여 술 빚기 어려운 쌀들이 있다. 따라서 이들 쌀로 술을 빚으려면 12시간 이상 오래 침수를 해두거나 가루로 내어 쌀의 전분을 임의로 깨트려 쉽게 효소가 분해할 수 있도록 해주어야 한다.

전분의 호화糊化와 노화老化
전분의 호화와 노화는 술 빚기에서 중요한 항목이다. 곡물의 주요성분인 전분이 잘 분해되어야 빨리 다량의 포도당이 만들어지게 되는데 전분이 잘 분해되도록 전분에 열을 가하여 익히는 것을 호화라고 하고 이 호화된 전분이 시간이 경과됨에 따라 굳어지는 것을 노화라고 한다. 호화가 잘 될수록 전분 구조가 쉽게 파괴되어 효소에 의한 포도당 생성이 촉진되나 전분이 노화되면 포도당 생성이 늦어지게 된다.

전분의 호화 과정
1. 수분흡수 : 쌀을 씻어 침수를 시키면 쌀이 약 20~30%의 수분을 흡수한다.
2. 팽윤 : 쌀에 열을 가하면 흡수된 물이 기체가 되어 팽창하면서 전분 구조도 함께 팽창한다.
3. 붕괴 : 팽창된 전분이 열을 받아 붕괴되는 단계로 맑아지고 점도가 증가한다.

전분의 노화
아밀로즈가 많이 함유되어 있으면 노화가 빨리 오게 되는데 멥쌀이 여기에 해당된다.
온도가 낮을수록 노화가 빠르게 진행되어 빛깔이 흐려지고 점도가 감소된다.

계량 단위

본 책자에서 표기하는 단위는 ℓ (리터)로 통일한다

쌀 1말 = 8kg = 10 ℓ

쌀 1되 = 800g = 1 ℓ

물 1되 = 1.8 ℓ

물 1말 = 18 ℓ

쌀이나 밀가루를 무게 단위인 kg으로 표기를 하여도 되지만 각 원료가 가지고 있는 수분함량에 따라 무게가 달라지기 때문에 부피단위로 표기하는 것이 술 빚을 때 더 좋다. 또 일일이 저울로 달아서 계량하는 것보다 편리하다. 다만 누룩은 덩어리를 곱게 가루로 내지 않기 때문에 부피로 재는 것이 맞지 않아 무게 단위로 표기한다.

   계량컵은 보통 되 또는 ℓ로 표시되는데 예전에는 쌀 등을 계량하는 단위로 홉, 되, 말로 표시를 하였다. 오늘날에는 미터법으로 통일이 되면서 '되' 라는 용어는 잘 쓰지 않고 리터로 표기를 하고 있다.

맛있는 술의 쌀과 물량 비율

술을 빚을 때 쌀량과 물량을 1:1 동량으로 맞추는 것이 과거 고문헌에도 술맛이 가장 좋다고 언급되어 있고 현재 경험적으로도 술맛이 가장 좋기 때문에 부피인 리터로 통일하여 계량을 하는 것이 편리하다.

즉, 쌀 1되와 물 1되가 각각 1:1.8리터이어서 동량을 맞추기 어려운 면이 있어 편리하게 리터로 통일하여 쌀 1리터와 물 1리터를 동일한 부피로 보고 계산하는 것이 술 빚는데 있어 편리하고 혼동되지 않아서 좋다.

1병 = 4~5 ℓ 정도
1사발 = 1~1.8 ℓ 정도
1주발 = 1~1.8 ℓ 정도
1복자 = 1~1.8 ℓ 정도
1동이 = 10~18 ℓ 정도

술 빚을 때 몸과 마음가짐

옛 조상들은 술을 빚는 날이면 몸을 깨끗이 하고 의복을 새 옷으로 갈아입고 마음을 정갈하게 한 후 술을 빚었다는 기록이 있다. 술을 만들 때는 몸과 마음을 정갈하게 해야 좋은 술을 빚을 수 있다.

미생물에 대해 애정을 갖자. 술이라는 것은 사람이 만드는 것이 아니라 미생물이 만드는 것이다. 술을 빚을 때는 미생물을 우리 몸으로 비유하여 관리해야 한다. 우리가 좋아하는 것은 미생물도 좋아하고 우리가 싫어하는 것은 미생물도 싫어한다. 미생물에게 깊은 관심과 애정을 가지지 않으면 좋은 술을 빚을 수 없다.

사람이 싫어하는 불결한 환경은 미생물도 싫어하고, 사람이 싫어하는 온도는 미생물도 싫어한다. 술을 빚을 때는 이 점을 명심해야 한다. 내가 좋아하는 환경을 미생물에게도 만들어 주자! 그래야 좋은 명주를 빚을 수 있다.

술을 빚기 전에 반드시 손은 깨끗이 씻고 물기를 제거해야 하고 사용하는 도구들은 살균·소독하여 잡균에 오염되지 않도록 주의해야 한다.

초기 관리가 중요하다

술 빚을 때 초기 관리가 무엇보다 중요하다. 밑술 초기에는 당화도 잘 이뤄 지지 않았고 알코올도 생성이 되지 않은 상태이기 때문에 잡균 침입에 무방비 상태일 수밖에 없다. 이 때 관리를 잘하지 못하면 술이 시어지는 산패의 단계를 밟게 된다. 술덧 내부의 알코올 도수가 적어도 10°~14°는 되야지 잡균의 침입에서 자유로울 수 있는데 그렇지 않은 단계에서는 잡균이 침입하면 발효통이 오염되어 술덧(쌀+물+누룩 등이 혼합되어 있는 것) 내부를 부패시키기 때문에 술이 될 수 없다. 좋은 술을 만들기 위해서는 항상 발효조 뿐만 아니라 사용하는 도구 등을 철저히 살균·소독해야 한다.

다음과 같은 사항을 철저히 이행하여 술이 실패하지 않도록 해야 한다.

1. 손은 깨끗이 씻고 마른 수건으로 닦는다

손톱 위생관리를 철저히 하고 매니큐어는 칠하지 않는다. 손에 물이 묻은 상태에서는 절대 도구나 술덧 내용물을 만져서는 안 된다.

2. 도구는 반드시 살균·소독하여 사용한다

항아리 등 용기를 살균·소독하지 않고 사용하였을 경우 항아리에 붙어 있는 잡균이 술을 오염·부패시킬 수 있기 때문에 항아리 등 발효통은 반드시 깨끗이 씻고 살균·소독한 다음 술을 빚어야 한다. 발효통에 술의 재료를 넣고 남은 윗부분 역시 깨끗이 증류주에 살균 행주 등으로 닦아 잡균에 오염되지 않도록 한다.

발효통 뿐만 아니라 일체 사용하는 여타 도구도 깨끗이 살균·소독해야 함은 물론이다. 도구를 사용할 때는 끓는 물에 소독하거나 증기소독을 하거나 필요하면 60° 이상의 증류주를 스프레이에 넣고 뿌려 소독하거나 철저히 소독해야 잡균의 침입을 막고 안정적으로 술을 빚을 수 있다.

본 책자는 손쉽게 맛있는 전통주를 빚는 방법을 4편으로 나누어 소개한다.
직접 술 빚는 과정을 사진과 함께 자세한 설명을 곁들였으니 그대로 따라서 하나하나 빚어보면 여태까지 경험하지 못했던 기품있는 전통주를 독자 여러분도 빚을 수 있을 것이다. 처음에는 다소 어렵다고 느낄 수 있으나 쉽게 설명해 나가며 노하우를 다 토해낼 것이니 마음 놓고 순서대로 따라 빚으면 된다.
이제 우리 술을 한번 제대로 배워보는 것이다. 그리고 직접 빚어 마셔보자.
그 맛이 어떠한가!

· 02 ·
누룩편

누룩 이야기

누룩은 과거 우리 조상들이 술 빚을 때 늘 사용해오던 당화·발효제로 우리 전통주 빚기의 기본이라고도 할 수 있다. 그러나 누룩이 많은 이점을 가지고 있음에도 불구하고 긴 공백으로 인해 아직 대중화되지 못하고 있다. 대부분의 양조장에서는 누룩이 외면당하고 일본의 입국 또는 개량 누룩으로 술이 만들어지고 있어 전통주를 사랑하는 사람들을 안타깝게 하고 있다. 물론 시대가 변하고 과학이 발전함에 따라 새로운 재료가 개발되어 사용되는 것이 마땅할지도 모른다. 입국 또는 개량 누룩은 맛이 일정하고 많은 양의 알코올을 생산할 수 있는 등 그 나름대로 많은 이점을 가지고 있는 것 역시 부인하지는 않는다.

그러나 우리 조상들이 누룩을 몇 천 년에 걸쳐 사용해 온 데는 그 나름의 이유가 있다. 이를 전부 무시하고 과학화, 산업화라는 이름 아래 누룩을 배제하고 입국을 고집하는 것에는 반대하지 않을 수 없다. 시중 막걸리의 대부분이 일본에서 백국균을 수입해 입국을 제조하고 이를 이용하여 술을 빚고 있는 안타까운 실정이다.

프랑스의 포도주가 오늘날 세계적인 술이 된 데는 그들 나름대로 수 천 년 이어져 온 술 빚는 전통을 고수하면서 맛을 개선하기 위해 노력한 결과라고 볼 때 이러한 우리의 현실이 안타깝기만 하다. 우리나라는 과거부터 누룩을 이용하여 술을 빚어 왔고 그 술들이 주종을 이루며 우리 풍토에 맞는 술로 발전되어 왔기 때문에 누룩의 가치는 무엇보다 크다고 할 수 있다.

누룩이란

쌀가루, 밀 등 곡류를 분쇄하여 물과 반죽 성형한 후, 자연 상태에 두면 공기 중의 야생 곰팡이가 번식하는데 이 때 번식된 곰팡이 중에는 곡물의 전분을 분해하여 포도당을 만드는데 필요한 곰팡이麴류와 포도당을 알코올로 만드는데 필요한 효모가 모여 들어 미생물의 집을 이루게 된다. 이를 누룩이라고 한다.

누룩은 통밀을 갈거나 쌀가루 또는 밀가루에 적당한 물과 함께 반죽을 하여 성형을 한 후 공기 중에 띄워 자연적으로 곰팡이(국균류)가 번식하도록 하여 각종 효소가 생성된 곡麴의 일종으로 자연 속에서 여러 가지의 야생 곰팡이와 효모가 함께 번식한 미생물의 집이다. 많은 야생효모가 함께 번식되고 있어 밑술(초기에 빚는 기본이 되는 술)의 모체 역할을 겸한 발효제의 일종이다.

1. 효소는 누룩 속의 곰팡이가 분비하는 물질로 미생물이 아니다.
2. 누룩 속의 곰팡이 종류는 백색, 황색, 녹색, 흑색 등의 빛깔을 나타내며 빛깔에 따라 황국균류와 흑국균류 등으로 분류된다. 이들 곰팡이는 여러 가지 효소를 생성하며 전분을 분해하여 포도당을 만든다.
3. 따라서 누룩에 있는 곰팡이 수가 많을수록 많은 효소가 생성되고, 이들이 전분을 많은 포도당으로 빠르게 만들 수 있다. 그러므로 누룩속의 곰팡이의 많고 적음은 술 빚기에서 매우 중요한 사항이다.

조선시대 문헌에 기록된 다양한 누룩 제조법

《음식디미방》(1670) 이화주 누룩 제조법
"백미 3말을 백세하여 물에 하룻밤 재워 고쳐 씻어 세말하여 주먹만큼 만들어 짚으로 싸고 멍석으로 담아 더운 구들에 두고 자주 뒤집어 누렇게 뜨면 좋으니라. 쓸 때 껍질을 벗기고 작말하라. 처음에 만들 때 물을 많이 하면 썩어 좋지 아니하니라"

향온곡 제조법
"누룩 만들 밀을 갈아 가루를 치지 말고 똑같이 한 두레에 한말씩 넣고 빻은 녹두 한 홉씩 섞어 만드나니라"

입국, 그리고 개량 누룩

술을 빚을 때 사용하는 당화·발효제로는 누룩말고도 시중에서 구할 수 있는 입국, 그리고 개량 누룩 등이 있다. 술을 빚을 때 어떤 것을 사용하면 좋을까?

입국入麴 전분질 원료를 증자蒸煮한 후 특정 종국(주로 백국균)을 인위적으로 접종·배양한 흩임누룩 형태로 일본식 발효제이다. 입국의 역할은 전분질의 분해와 술에 향기 부여 그리고 술덧(쌀+물+누룩 등이 혼합되어 있는 것) 내부의 오염을 방지하며 별도 효모를 사용하여야 한다. 입국에 사용하는 국균인 백국균白麴菌은 흑국균黑麴菌에서 변이된 균으로 아스페르기루스 가와지(Asp.Kawachii)라고 불리며 일본사람이 누룩에서 발견 배양한 균이다.

조효소제助酵素劑 1960년 이후 새로 개발되어 사용되고 있는 것으로 개량 누룩이라고도 하며 밀기울 또는 전분질 원료를 증자하거나 생피 그대로 살균하여 인공적으로 당화효소 생성균을 번식시켜 만든 과립상태의 제품이다.

정제효소제精製酵素劑 고체 및 액체 배지培地에 당화효소 생성균을 배양시킨 것이다. 전분질을 당화 분해시키는 효소를 추출, 분리하여 주류 제조에 사용을 목적으로 제조한 제품이다.

통상 조효소제와 정제효소제는 처음부터 1차 빚음에 사용하기도 하나 대부분 입국의 보조제로서 자가 제조 입국의 불균형성에서 오는 당화력 부족을 보강하여 발효의 안정도를 높이는데 사용한다.

입국　　　　개량 누룩　　　정제효소제

각 발효제의 장단점 분석

	장점	단점
누룩	다양한 곰팡이가 번식하여 술을 빚으면 깊고 풍부한 맛과 향을 준다. 효모가 함께 번식하여 별도 효모가 필요하지 않다. 잔당이 남아 맛이 부드럽다.	당화력이 300sp으로 다소 약하다. 알코올 생성량이 적고 생성하는데 기간이 많이 소요된다.
입국	증자한 원료에 바로 곰팡이를 배양하기 때문에 국 자체가 원료이다. 알코올이 많이 생성된다. 백국균의 산 생산성으로 술덧의 오염을 방지한다. 술맛이 일정하여 대량생산이 가능하다.	한가지 균만 사용하므로 맛이 단조롭다. 알코올 생성이 많이 되다보니 잔당이 남아 있지 않아 인공 첨가물로 맛을 맞추어야 한다. 별도로 효모를 투입한다. 당화력 60sp
조효소제 및 정제효소제	당화력이 600~15,000sp이상 알코올 생성이 빠르다. 알코올이 많이 생성된다.	한가지 균만 사용하므로 맛이 단조롭다. 알코올이 많이 생성되어 잔당이 남아 있지 않아 인공첨가물로 단맛을 맞춘다. 별도로 효모를 투입야 한다.

당화력이 300sp라면 효소 1g으로 전분 300g을 분해해 포도당으로 만들 수 있다는 뜻

누룩의 이유 있는 문제들

> 술에 누룩향이 많이 난다.
> 맛이 일정하지 않다.
> 생산성이 떨어진다.
> 비위생적이다.

사람들이 흔히들 이야기하는 누룩의 문제점이다. 누룩에 문제가 있다면 그 문제를 해결할 방법을 강구하여야 하는데 이에 대한 노력은 게을리 하고 손쉽게 일본식 누룩인 입국을 이용해 술을 만들고 인공 감미료를 넣어 맛을 맞추고 있는 현실이 실로 안타깝다.
정말 누룩의 문제점을 개선할 방법은 없을까?

술에 누룩향이 많이 난다

일부 사람들 가운데는 우리 전통주는 누룩향이 많이 나서 먹지 못하겠다고 말하곤 한다. 누룩이 자연의 야생 미생물에 의존하다 보니 미생물의 수가 부족하여 당화력과 알코올 생산성이 떨어진다. 이를 극복하기 위해 술 제조시 누룩을 많이 사용하기 때문에 술에서 누룩향이 나게 되는 것이다. 그러나 오히려 좋은 누룩으로 빚은 술은 술맛이 구수하고 깊고 그윽한 과일향이 나기도 한다.
누룩향이 나지 않는 누구에게나 사랑받는 전통주가 되기 위해서는 어떻게 해야 하나?

　누룩을 2차 빚음시 걸려준다. 다양주를 빚을 경우 1단 빚음에서 쌀가루와 누룩 그리고 물을 섞어 술을 빚은 후 2단 빚음에서 이를 거름망을 이용해서 누룩의 찌꺼기를 걸러주면 어느 정도 누룩향이 제거될 것이다.

누룩을 적게 사용한다. 미생물 배양방법을 이용하여 적은 누룩으로 많은 술을 빚는다면 누룩향을 제거할 수 있다. 예전에는 쌀 양만큼 누룩을 넣어야 한다고 하여 술 빚을 때 누룩을 많이 사용했다. 그러나 미생물 배양법을 응용하면 누룩 1kg을 가지고 쌀 1가마를 빚을 수 있다. 그러면 쌀 1말에 들어가는 누룩양은 불과 200g밖에 되지 않는다. 이것을 2차 빚음에서 한번 걸러주면 누룩향이 날 리가 없다. 오히려 풍부하고 다양한 맛과 향을 즐길 수 있다.

맛이 일정하지 않다

누룩은 자연 상태에서 야생 미생물이 번식하는 미생물의 집이다. 여러 가지 곰팡이가 어울려서 술을 빚게 되므로 맛이 일정하지 않다는 점이 있다. 또 지역, 시기, 기후조건 등 환경에 따라 매번 조금씩 다른 곰팡이들이 번식하여 누룩을 사용할 때마다 조금씩 다른 맛이 날 수가 있다.

반면에 입국은 백국균 한 가지만을 곡식에 인공 배양하여 사용하기 때문에 언제 술을 빚어도 맛이 일정하다. 누룩은 일정한 맛을 유지하기 어렵기 때문에 술을 대량 제조하는 제조업체 입장에서는 생산하는 술맛을 일정하게 하기 위해 입국 사용을 선호한다.

하지만 오히려 이것이 누룩의 장점이라고 할 수도 있다. 여러 가지 미생물이 어울려 술을 빚으니까 술맛이 단조롭지 않고 풍부하고도 다양한 깊은 맛을 낼 수 있다. 프랑스의 와인도 매년 생산되는 포도에 따라 맛이 조금씩 다르다고 한다. 우리의 술도 누룩에 따라 다르게 풍기는 다양한 맛을 즐기려고 한다면 오히려 이것이 누룩의 큰 장점으로 살릴 수 있을 것이다.

생산성이 떨어진다

누룩을 이용한 양조법은 누룩의 당화력 부족으로 생산되기까지 많은 시간이 소요된다. 비근한 예로 입국을 사용하는 현 양조장에서는 막걸리를 생산하는데 4~7일이 걸리는데 누룩을 사용할 경우 15일 이상 걸리기 때문에 생산자 입장에서는 채산성이 맞지 않는다고 한다. 또 입국을 사용할 경우 곡물을 거의 전부 알코올로 만들기 때문에 생산성이 높은데 반해 누룩은 잔당이 많이 남아 적게 알코올이 만들어져 생산성이 떨어진다고 한다.

생산자 입장에서 이러한 지적을 하는 것은 일단 수긍할 수 있다. 누룩은 입국처럼 당화력이 강하지 않아 빠른 시일 내에 당화시키고 알코올을 생성하지는 못한다. 그러나 맛에서는 차이가 극명하게 난다. 입국으로 생산된 술은 빠른 시일 내에 술이 완성되지만 잔당이 없이 거의 다 알코올을 생산하기 때문에 술이 쓰고 독한 반면 맛이 없다. 그래서 인공감미료 등을 가미하여 소비자의 입맛에 맞추고 있다.(인공감미료의 유무해는 논외다.)

그러나 누룩으로 빚은 술은 완전히 알코올로 변하지 못하고 잔당이 남아 있기 때문에 그 자체로 단맛을 가지고 있어 인공감미료 등 다양한 조미료를 가미하지 않은 맛있는 '친환경 웰빙 막걸리'라고 할 수 있다. 또한 보존 및 숙성기간이 길기 때문에(삼양주의 경우 1년 이상) 맛과 향이 깊고 풍부하여 고급 술을 즐기는 사람에게 충분히 어필할 수 있는 술이라고 할 수 있다. 그렇다면 해결책은 간단하다. 맛과 가격의 차별화로 승부수를 띄우면 어떨까? 이것이 전통주가 나가야할 길이다.

비위생적이다

누룩은 인공적으로 균을 배양한 종균을 이용하여 만드는 것이 아니라 자연적인 환경에 존재하는 곰팡이를 이용하기 때문에 이를 비위생적이라고 비난하는 경우가 있다. 그러나 누룩을 사용하기 전에 햇볕에 쬐어주어 잡균 살균을 한 다음 술을 빚기 때문에 비위생적이라고 할 수 없다.

이와 달리 누룩에 서식하는 곰팡이에 대하여 이야기 하는 경우가 많다. 유대식 등(2011)의 조사에 의하면 누룩 내에는 약 18속 97종의 곰팡이, 효모 15속 48종, 세균 6속 19종이 있다고 한다. 이렇게 다양하고 많은 곰팡이들은 술에서 무슨 역할을 할까?

이러한 곰팡이 중에 백국균, 황국균 등은 효소를 분비하여 양조에 관여를 하는가 하면 양조와 관계없는 곰팡이는 다양한 맛과 향에 관여를 하게 된다. 그래서 메론, 복숭아 등 특이한 과일향이 나는 전통주가 만들어지기도 한다. 그렇기에 전통주는 복잡하고 다양한 맛과 향을 가진 오묘한 술이라고 표현하는 것이다. 이것은 입국을 사용하는 일본 양조방법이 흉내 낼 수 없는 우리 술만의 특징이다. 물론 곰팡이 중에는 유해한 곰팡이(푸른색 곰팡이 등)가 들어 있을 수 있다. 이러한 곰팡이가 서식한 누룩은 사용하지 않는 것이 좋다.

누룩의 종류

누룩은 각 지방마다, 집집마다 만드는 방법이나 모양, 재료 등이 많이 다르다. 누룩의 형태와 재료가 많은 만큼 다양한 종류의 전통주를 빚을 수 있다.

제조 시기에 따른 분류

2~4월	5~7월	8~10월	11~1월
춘곡	하곡	추곡	동곡

원료처리 방법에 따른 분류

조곡(막 누룩)	분곡	백곡
거친 밀기울	통밀가루	밀가루
막걸리 / 소주용	약주용	약주용

모양에 따른 분류

병곡	보통 막 누룩이라 하며 통밀을 거칠게 갈아서 단단하게 디뎌 만든 누룩으로 중국, 한국에서 사용
산곡	보통 흩임 누룩이라고 하며 곡물 낱알을 펼쳐서 띄우는 누룩. 일본에서 사용

지역에 따른 분류

서울·경기지역	호남·충청지역	평양 지역	이천	경북지역	전남목포지역
원반형, 네모형 곡자麯子	원추형, 모자형, 정방형 곡자	만두형 곡자	탁자형 곡자	각형 곡자	3홉 곡자

《증보산림경제增補山林經濟》(1766년) 속의 누룩 종류

진면곡	밀가루를 단단히 반죽하고 원판상으로 하되 작고 납작하게 하고 도랑을 만든다. 이것은 통풍과 과열을 방지하는데 목적이 있다.
요곡	쌀 알맹이에 밀가루를 부착하여 종이 주머니에 넣고 곰팡이가 잘 번식토록 한다.
녹두곡	백미와 녹두 각 1되씩을 갈아서 누룩을 만들되 원판은 작고 얇게 한다.
미곡	쌀가루를 약간 쪄서 누룩을 디디고 솔잎에 묻어 띄운다.
추모곡	가을보리로 누룩을 디딘다.

누룩 함께 띄우기

누룩은 전문적으로 누룩을 제조하는 공장에서 구입하거나 자가 제조하여 사용하는 방법이 있는데 공장에서 제조하는 것은 대량 생산하는 것이므로 풍미가 다양하지 않다. 자기만의 색깔을 내는 개성있는 술을 빚고 싶다면 역시 누룩도 직접 만들어 보자.

누룩 만들기 과정

1. 우리밀(통밀)을 씻어 가루로 만들기
2. 우리밀에 끓여 식힌 물을 뿌려가며 혼합하기
3. 적당히 물을 주었는지 확인하기
4. 단단하게 누룩 모양 만들기
5. 상자 등에 쑥대와 누룩을 층층이 쌓아 누룩 집을 만든다.
6. 상자 등 잘 닫아주기
7. 30~35℃ 정도에서 누룩 띄우기
8. 2일 또는 3일 간격으로 누룩 뒤집어주기

계절에 따라 달리 만드는 누룩

겨울에는 통상 밀가루나 쌀가루를 이용 하여 대체로 크기가 작은 누룩을 만든다. 여름에는 통상 밀기울을 이용하여 대체로 크기가 큰 누룩을 만든다. 봄, 가을에는 적당한 습도를 유지하고 있어 누룩 만들기 좋은 계절이다.

누룩 만들기 과정 자세히 알고 가기

누룩을 만들기 위해 쌀가루 등에 수분을 얼마를 주느냐는 상당히 중요하다. 만일 물이 적으면 쉬 마르기 때문에 곰팡이가 착상을 하지 못한다. 반면에 너무 물이 많으면 누룩이 자칫 썩을 수 있어 적절한 수분 공급이 필요하다. 통상 수분은 곡물량의 20~30%가 적당하다.

1. 쌀가루 누룩과 밀가루 누룩의 차이
쌀가루로 만든 이화곡은 당화력이 좋고 밀가루로 만든 백곡은 발효력이 좋다. 그러나 밀가루 누룩을 만들 때 주의하여야 한다. 밀가루 누룩은 입자가 미세하여 한번 뭉쳐지면 쉽게 단단해지기 때문에 내부의 수분이 증발하기 어려워 속이 썩기 쉽고, 외부는 쉽게 말라버려 미생물이 착상하기 어렵다. 따라서 밀가루 누룩은 가능한 작게 만들어 주어야 하고 쌀가루와 섞어서 만들면 좋다.

2. 끓여 식힌 물 사용하기
잡균의 오염을 방지하기 위해 끓여 식힌 물로 반죽을 한다.

3. 쌀가루 반죽 시 수분 측정 방법
① 조금씩 물을 뿌려주면서 잘 혼합이 되도록 두 손으로 비벼가면서 덩어리를 풀어준다.
② 쌀가루를 적당한 힘으로 쥐어 봤을 때 주먹의 형태가 남아 있고 손위에서 이리저리 굴려보아도 깨지지 않으며, 반을 꺾어 보았을 때 흐트러짐이 없으며, 손가락으로 누르면 금방 가루로 퍼져버린다면 적당한 수분양이 됐다고 할 수 있다.
③ 손으로 쥐어 봤을 때 뭉쳐지지 않고 금방 흩어진다면 수분이 적은 것이고, 주먹의 형태는 남아 있으나 꺾어 보았을 때 축 늘어지고 손가락으로 눌러 보았을 때 가루로 흩어지지 않으면 물량이 너무 많은 것이다.

몇 번 경험을 하면 금방 적당한 물량을 알 수 있다. 통상 멥쌀 1리터에 200ml가 적당하나 상황에 따라 차이가 있을 수 있으므로 손으로 쥐었다 폈다 해보아야 한다. 그리고 처음부터 물을 많이 넣으면 안 되고 적은 양을 자주 넣으며 조절해야 한다.

4. 단단하게 누룩 모양 만들기
수분 증발을 막기 위해 누룩은 가능한 단단하게 만들어야 한다. 단단하지 않으면 습기가 빨리 증발하여 곰팡이가 착상할 시간을 갖지 못한다. 단단하여 수분증발이 더디어야 미생물이 자랄 수 있는 시간적 여유를 준다. 누룩 틀에 적당한 수분을 가진 밀 등을 넣고 단단히 밟아주거나 두 손으로 누룩을 둥글게 만들면서 여러 번 단단하게 치대주면서 만들어야 한다.

누룩의 두께가 얇으면 얇을수록 수분증발이 빠르게 되어 가능한 물을 많이 넣어 주어야 한다. 반면에 두께가 두꺼우면 수분을 적게 넣어도 된다. 두꺼운 누룩에 물을 많이 넣어주면 자칫 썩을 수 있으므로 주의해야 한다.

5. 상자 / 쑥대 / 누룩집

누룩집 만들기
누룩을 띄우기 위해서는 누룩을 가두어 둘 집이 필요하다. 누룩집은 종이 상자, 스티로폼 상자, 항아리 모두 사용 가능하다. 겨울에는 습기가 부족하므로 항아리 등 수분이 유지될 수 있는 용기에다 띄우고 여름에는 종이상자 등에다 띄운다.

누룩을 싸주는 생잎(쑥대 등)의 역할

누룩을 띄울 때 누룩 위아래로 식물 잎을 넣어주는데 그 이유는 첫째 쑥대에 있는 야생 곰팡이를 활용하여 누룩에 곰팡이를 착상시키기 위해서이다. 둘째는 누룩을 감싸줌으로써 수분의 증발을 가능한 억제시키기 위해서이다.

겨울에는 공기 중에 습도가 부족하므로 가능한 도꼬마리잎, 연잎, 생솔잎, 닥나무잎 등 생잎을 덮어주고 누룩을 띄운다. 여름에는 공기 중에 습도가 높으므로 생잎보다는 마른 짚이나 쑥대 등을 사용한다. 이는 수분조절을 통해 누룩이 썩는 것을 방지하는데 목적이 있다. (봄, 가을은 짚이나 마른 쑥대를 이용)

종이상자에서 띄우는 방법

누룩 띄우기 첫 일주일은 미생물을 불러 모으기 위해 습기가 증발하지 않도록 하는 것이 중요하다. 그래서 종이상자 내부를 비닐로 둘러싸고 (습기가 종이상자를 젖게 하지 않기 위해) 그 안에다 누룩을 놓는다. 누룩은 짚이나 쑥대 등으로 감싸고 또 한지 3겹을 둘러 주어 습기가 잘 증발하지 않도록 해주며 마지막으로 종이상자 뚜껑을 잘 밀봉해 준다. 이 때 짚(쑥대)을 밑에 많이 깔아 두어 습기가 밑으로 몰려도 누룩에 젖지 않도록 해야 한다. 젖으면 누룩이 썩게 된다.

이 때 음식물 보관용 스티로폼으로 만든 상자에다 띄우면 보온효과도 있고 습기 증발 방지도 되어 더 좋다. 습기가 많은 지역 또는 시기에는 누룩을 마른 짚이나 쑥대로 싸주고 매달아서 띄운다.

6. 누룩 띄우면서 뚜껑을 닫아주는 이유

수분증발 억제에 이유가 있다. 수분 증발 시간을 늦추어 줌으로해서 미생물이 자랄 수 있는 환경을 조성해 줄 수 있다. 그러나 수분이 너무 많으면 타 균에 의해 썩을 수 있으므로 주기적으로 누룩을 위 아래 뒤집어 줘야 한다.

7. 30~35℃

첫 일주일에 곰팡이가 착상하므로 가장 중요한 시기이다. 발효통 내부의 온도가 곰팡이가 잘 자랄 수 있는 온도 30~35℃를 유지해 줘야 한다. 곰팡이가 착상 번식할 경우에는 발효통 내부 온도가 40~45℃까지 올라가게 되는데 온도가 높아짐에 따라 곰팡이는 포자를 형성하게 된다. 이때 가능한 온도가 더 올라가지 않도록 주의한다. 밤낮으로 온도차이가 클 경우 곰팡이가 착상하기 어려우므로 항상 온도가 일정하도록 해줘야 한다.

8. 누룩 뒤집어 주기

누룩은 3일 간격으로 한 번씩 전체적으로 위아래를 뒤집어주며 이 과정을 3주간 계속한다. 이때 손으로 만든 누룩은 3일에 한번씩, 넓고 큰 누룩은 2일에 한 번씩 뒤집어 준다. 이 때 사용하였던 쑥대도 말려주는 것이 좋다.

누룩에 수분이 고루 분포되어야 곰팡이가 고루 번식할 수 있는데 만일 누룩을 뒤집어 주지 않으면 밑 부분에 습기가 몰려 썩게 되고 윗부분은 금방 건조되어 곰팡이가 제대로 착상하지 못한다.

누룩 띄우는 단계

누룩은 3주 동안 띄우게 되는데 그 과정이 매우 중요하다. 누룩 만들기가 어렵다고 하나 3주 동안 순서에 맞게 누룩의 환경을 만들어 주면 누룩에 곰팡이가 잘 착상하게 된다.

첫 일주일	둘째 일주일	셋째 일주일
수분유지 (미생물 불러오기)	서서히 말리기 (미생물 가두기)	완전히 말리기 (미생물 착상)
일주일간 수분을 유지한다.(항아리 또는 종이상자에 수분이 증발하지 않도록 뚜껑을 닫아둔다.	일주일간 서서히 누룩을 말려 누룩 내부에 미생물이 착상되도록 한다. 항아리 또는 종이상자의 뚜껑을 열어둔다.	일주일간 누룩을 꺼내 바람이 잘 통하는 곳에 보관하여 낮에는 햇볕을 쪼이며 완전히 말린다. (법제과정)

누룩 띄우는 단계 자세히 알고 가기

1. 첫 번째 7일 - 수분유지

누룩은 적당한 수분이 일정시간 야생 곰팡이들이 번식하기 좋고 또 곰팡이가 많이 번식할 수 있도록 시간적 여유를 주는 것이 필요하므로 첫 일주일간 수분유지는 매우 중요하다. 만일 수분이 금방 증발해 버린다면 곰팡이가 착상 번식하지 못해 쓸모없는 누룩이 될 것이고 또 수분이 너무 많을 경우에는 타 세균의 오염으로 썩어 버리는 경우가 발생한다. 누룩을 띄울 때 항아리나 스티로폼 상자 또는 비닐로 싸서 띄우면 수분 증발이 잘 되지 않아 곰팡이가 잘 착상한다. 누룩집이 형성되고 그 안에 짚 또는 쑥대가 있고 습기와 열기가 있기 때문에 내외부에서 곰팡이들이 달려든다.

수분이 위에서부터 마르기 때문에 일정시간 통상 2일 또는 3일에 한 번씩 누룩을 위아래로 뒤집어 준다.

천천히 말리지 않으면 겉만 말라버리고 미처 마르지 못한 내부는 썩게 된다. 가능한 일주일 동안은 수분이 마르지 않도록 해야 미생물이 번식을 한다.

2. 두 번째 7일 - 누룩 서서히 말리기

두 번째 일주일간 누룩의 표면에 착상된 곰팡이가 내부까지 침투할 수 있도록 항아리 등의 뚜껑을 살짝 열어두고 내부에 있는 수분을 천천히 말린다. 이렇게 함으로써 겉에 착상된 미생물들이 수분을 따라 누룩 내부로 침투하여 고루 번식하게 된다.

첫 일주일 경과 후에도 수분이 증발하지 못 할 경우 누룩이 썩을 수 있고, 반대로 수분 증발이 급속히 진행될 경우 곰팡이가 미처 착상하지 못하는 경우가 발생한다. 따라서 뚜껑을 열어두는 정도로 천천히 수분을 증발시키면서 착상된 곰팡이가 깊숙이 누룩 속으로 침투할 수 있도록 시간적 여유를 주어야 한다.

3. 세 번째 7일 - 누룩 완전히 말리기

누룩 깊숙이 곰팡이가 침투를 하였을 경우 이제 최종적으로 누룩을 완성하는 단계로 누룩에 있는 수분을 완전히 말려주어야 한다.

두 번째 일주일이 종료되면 누룩 내에 곰팡이들이 내부까지 번식하게 됨으로 이제는 누룩을 완성하는 단계이다. 세 번째 일주일간은 누룩을 항아리 등에서 꺼내 소쿠리 등에 누룩을 놓고 바람이 잘 통하고 햇볕이 드는 곳에 두어 누룩을 말려 단단히 굳힌다. 법제(술의 변패를 막기 위한 방법의 하나)를 동시에 시행한다. 낮에는 수분이 증발하고 밤에는 수분을 흡수하면서 서서히 마른다. 이렇게 하면 누룩에 백화현상이 일어나 누런색이 하얀색으로 변해 술 색깔이 예뻐진다.

완성된 누룩 판별법

> 완전히 말라 딱딱하다.
> 온기가 없다.
> 구수한 향이 난다.

완성된 누룩은 온기가 없으며, 단단하고 누룩 표면에 곰팡이가 보이게 된다. 이러한 누룩 가운데 잘된 누룩은 향을 맡아 보았을 때 기분 좋은 구수한 향이 나고 색을 보면 검은 색은 거의 없고 황색 또는 백색의 곰팡이가 균일하게 겉은 물론 속 깊이 넓게 퍼져 있다.

백국균 등 흰 균사체 또는 황국균 등 황색 균사체가 겉과 안쪽에 고루 핀다. 검정색 또는 파란색 곰팡이는 술에 도움이 되지 않는 곰팡이다.

잘못된 누룩
표면이 빨리 말라 굳어졌으나 내부에는 수분이 남아 있어 썩어 있고 갈라진 틈으로 곰팡이가 피어 있으면 잘못된 누룩이다. 이런 경우는 밀가루 누룩에서 잘 발견이 되는데 가능한 초기 7일간은 누룩의 수분이 잘 증발이 되지 않도록 하여 곰팡이가 착상되도록 하며, 그 후 7일간은 서서히 수분을 증발시켜 곰팡이가 내부에 잘 침투하도록 환경을 조성하여야 하고 나머지 7일간은 바람이 잘 통하는 곳에 두고 완전히 말리되 햇볕을 쪼여 표면에 붙어 있는 세균 등을 살균시켜야 한다.

누룩에서 간장냄새가 난다면
누룩에서 간장냄새가 나는 것은 누룩이 습기를 오래 머금고 있었기 때문이다. 이는 바람이 잘 통하는 곳에 놓아 냄새를 제거하는 것이 좋다. 만일 일주일 수분을 가두어 두었는데 간장냄새가 난다면 다음에 만들 때는 일주일 전에 수분을 증발시켜야 간장냄새를 예방할 수 있다.

보관

완전히 말라 단단해지면 한지 등 종이에 싸거나 비닐 팩 등에 넣어 밀봉한 후에 공기가 잘 통하고 건조한 곳에 보관한다.

완전히 마르지 않은 누룩을 보관하면 누룩 향이 나빠지고 썩게 된다.

잘된 누룩

잘못된 누룩

누룩 사용하기

사용시 햇볕에 완전히 말려 곱게 만들어 사용한다.

1. 법제하기

술을 빚기 위해 누룩을 사용할 때에는 일반적으로 법제를 한 후 사용한다.

사용할 누룩을 2~3일전에 먼지 등을 깨끗이 제거하고 밤톨만큼 만들어 통풍 잘되는 곳에서 햇볕을 쪼여준다.

《음식디미방》 등 고문헌을 보면 법제에 대해 기록하고 있다. 누룩의 법제는 술의 변패를 막기 위한 전통 방법으로 햇볕을 쬐고 이슬을 맞히는 것은 누룩의 잡균을 살균하고 나쁜 냄새를 제거하는데 목적이 있다. 그러나 오염된 공기로 인해 오늘날 이슬 맞히기는 어렵고 최대한 공기가 잘 통하는 곳에 두어 누룩의 잡냄새를 날려보내야 한다.

2. 누룩 분쇄하기

술을 빚기 위해서는 성형화된 누룩을 분쇄해야 한다. 누룩에 있는 효소가 곡물의 전분을 잘 분해시킬 수 있도록 사전 준비 작업을 하는 것이다.(분쇄하여 판매하는 누룩도 있음)

콩알이나 도토리 만하게 절구로 분쇄 하는 것이 좋다. 믹서기로 분쇄를 하기도 하지만 기계의 칼날은 미생물에게 좋지 않은 영향을 줄 수 있으므로 가급적 절구를 이용하여 빻는 것이 좋다.

막걸리나 약주를 빚을 때 큰 누룩을 절구에 깨트리는데 대체로 콩알 또는 도토리 크기 만큼 빻아서 쓴다. 고급 청주를 빚고자 할 때 절구로 누룩 덩어리를 곱게 가루로 내어 사용하기도 한다. 이럴 경우 당화 속도가 다른 방법에 비해 빠르고 깔끔한 술을 얻을 수 있다.

3. 침곡하여 사용하기

술을 빚기 30분전 누룩을 미리 끓여 식힌 물에 넣어 침곡을 시켜 사용하기도 한다. 미리 물에 담가서 딱딱한 것을 풀어주면 사용하기 쉽다. 또 미리 물에 누룩을 담궈두면 물에 의해 누룩에 있는 효소와 효모가 활성화되어 잠복기가 줄고 발효가 빠르게 진행되는 장점이 있다.

술 빚을 때 온도는 25℃

누룩을 만들 때는 30℃의 끓인 물을 사용하지만 누룩을 사용할 때는 누룩에 있는 효모가 좋아하는 온도 25℃에 맞추어 물을 완전히 식혀서 사용해야 한다. 높은 온도의 물을 사용할 경우 효모가 사멸될 수 있어 항상 식혀 사용해야 한다.

침곡은 변패될 수 있으니 주의!
예전 고문헌에 보면 단양주로서 빨리 술을 빚고자 할 때 술 빚기 하루 전에 누룩을 물에 담갔다가 쓰는 경우가 있다. 그러나 너무 오래 물에 누룩을 담가 놓게 되면 젖산이 많이 생성되고 다른 잡균들의 번식으로 오히려 술이 변패될 수 있으므로 주의 해야 한다.

침곡시킨 누룩

통밀 누룩 함께 띄우기

누룩은 통상 통밀을 거칠게 분쇄하여 만든다. 이와 같이 제조된 누룩은 분곡이라고 하여 막걸리 또는 청주용으로 사용하게 된다.

〈재료〉
우리 밀(통밀) 1kg, 끓여 식힌 물 200ml

〈도구〉
누룩 틀, 면 보자기(가로 1m, 세로 40cm), 볼, 누룩 집
누룩 틀 한 개에 들어가는 양 : 밀가루 0.95~1kg, 물 200ml
자신이 만들 누룩을 계산하여 밀가루를 준비하면 된다.

〈준비하기〉
통밀 가루내기
    통밀을 깨끗이 씻어 거칠게 방아를 3번정도 내려 준다. 손으로 만져 보았을 때 약간 거친 정도로 빻는다. 손으로 비벼 굵은 입자를 풀어준다.

함께 띄우기

1 통밀 가루를 손으로 비벼 굵은 입자를 풀어준다.

2 통밀가루에 물 200ml를 조금씩 뿌려가며 고르게 치대어 물이 잘 혼합이 되도록 한다. 주먹으로 쥐었다 폈다하면서 적당한 물주기를 한다.

3 누룩 틀 위에 면 보자기를 깔고 위에 통밀가루를 올린다. 양 옆을 접은 후 긴 부분을 잡고 똬리를 틀고 안으로 말아 넣는다.

누룩을 만들 때 가운데 똬리를 트는 이유

누룩은 통상 가운데 부분이 잘 마르지 않아 썩기 쉬우므로 똬리로 눌러주어 그 부분을 얇게 만드는 것이다.

5 똬리가 밑으로 가도록 엎어 놓고 뒤쪽부터 발 뒤꿈치로 고르게 밟고 뒤집어 다시 밟는다. (세 번 반복, 왼 발은 틀을 밟고 오른 발은 뒤꿈치로 누룩을 밟는다.)

6 더 이상 들어가지 않을 정도로 딱딱해지면 성형한 누룩을 뒤에서 밀어 천천히 빼내어 천을 펴고 누룩을 꺼낸다.
맨 마지막에 밟을 때에는 누룩 틀 윗부분(똬리를 튼 부분)이 올라온 상태에서 밟는다.

7 상자 등에 짚이나 쑥대를 깔고 그 위에 누룩을 앉힌다. 쑥대 등을 다시 덮고 상자를 봉한다.

8 30~35℃ 정도에 누룩집을 놓고 2일에 한 번씩 뒤집어 준다. 7일이 지나면 상자의 뚜껑을 열어 놓는다. 다시 7일이 되면 완전히 꺼내어 바람이 잘 통하는 햇볕에서 말린다.

이화곡 함께 띄우기

이화곡은 이화주를 빚을 때 사용하는 누룩으로 《음식디미방》(1670)에 소개된 누룩이다. 일반적으로 누룩은 밀을 이용하여 띄우지만 이 누룩은 특이하게 쌀로 성형을 하여 띄우는 누룩이다. 이화곡을 이용하면 이화꽃처럼 하얀 술을 빚을 수 있다.

〈재료〉
멥쌀 2리터, 물400cc

〈도구〉
누룩 집, 중간 체, 쑥대 2단

〈준비하기〉
멥쌀 가루내기
　　멥쌀 2리터를 10분내로 깨끗이 씻어 3시간 동안 물에 담갔다가 30분간 물을 뺀 후 곱게 가루를 낸다. 덩어리가 없도록 체를 이용하여 곱게 만든다.

함께 띄우기

1. 물을 끓여 30℃ 정도로 식혀두었다가 쌀가루와 혼합을 한다. 조금씩 물을 넣으면서 두 손으로 잘 비벼주어 덩어리가 뭉치지 않도록 일일이 풀어 준다.

2. 물의 혼합이 잘되었으면 다시 한 번 체를 쳐서 뭉친 덩어리를 잘 풀어준다. 가루를 곱게 만들어야 한다.

3   두 손으로 쌀가루를 움켜쥐고 손바닥 전체에 여러 번 힘을 주면서 최대한 둥글고 크게 그리고 단단하게 만든다. 성형이 끝난 누룩은 바로 비닐 등에 넣어 수분이 날아가지 않도록 한다.

4   항아리 등 안의 맨 밑에 쑥대를 높이 깔고 그 위에 만들어 놓은 누룩을 올리되 서로 붙지 않도록 주의한다.
다시 쑥대를 올린다. 이 과정을 반복한다.
맨 위에 쑥대를 올리고 뚜껑을 덮어 준다.

5   30~35℃ 정도에 상자 등을 놓고 3일에 한 번씩 뒤집어 준다. 7일이 지나면 상자의 뚜껑을 열어 놓는다. 다시 7일이 되면 완전히 꺼내어 바람이 잘 통하는 햇볕에서 말린다.

누룩의 크기

누룩의 크기는 적당하여야 한다. 너무 크면 수분 증발이 잘 되지 않아 썩기 쉽고, 너무 적으면 수분 증발이 빨라 곰팡이가 착상하기 어렵게 된다.

새앙 누룩 함께 띄우기

새앙은 생강의 순 우리말이다. 생강을 갈아 즙을 이용하여 멥쌀과 밀가루와 함께 반죽하여 디디면 향이 좋은 누룩이 된다.

〈재료〉
멥쌀 3ℓ, *밀가루 1ℓ, 생강즙 800㎖ (원료의 20~30%)

〈도구〉
짚이나 쑥대, 누룩 띄우는 집

〈준비하기〉

백미 가루내기
분량의 멥쌀을 깨끗이 씻어 물에 3시간 이상 담갔다가 물기를 30분 뺀다.
방아로 가루로 빻아서 체로 곱게 내린다.

생강즙 내기

생강을 깨끗이 씻어 흙 등 이물질을 제거하고 칼로 생강을 잘게 잘라 믹서기 등을 이용하여 아주 곱게 간다. 천으로 즙만 취하고 찌꺼기는 버린다. (찌꺼기는 술 빚을 때 넣으면 좋다.)

생강즙의 역할
여뀌즙, 참외즙, 생강즙 등을 이용하여 누룩을 만들기도 하는데 그 이유는 이들이 가지고 있는 야생 효모를 직접 이용하기 위함이다. 이들 야생 효모 등이 먼저 누룩에 자리를 잡고 외부의 미생물이 그 후 착상하게 된다. 이와 마찬가지로 밀가루를 사용할 경우 밀가루에 있는 효모가 먼저 착상을 한다. 이외에 약제즙도 가능하나 과육을 함께 넣으면 과육이 썩기 때문에 넣으면 안 된다.
식물을 이용하여 누룩을 만들면 야생 효모가 부족한 서울에서도 훌륭한 야생 효모가 착상된 누룩을 만들 수 있다.

*누룩 만들 때 밀가루를 넣는 이유
누룩을 만들 때 밀가루를 넣는 경우가 있다. 밀가루가 잘 뭉쳐지는 점성이 높아 사용하기도 하지만 밀가루에 있는 젖산균을 누룩 만들 때 이용하기 위함이 크다. 그 이유는 밀가루에 있는 젖산균이 pH를 낮추는 역할을 하여 pH 3~4에서 잘 번식하는 효모에 유리하게 작용을 하고 pH 6에서 활동하는 잡균의 생육을 억제하는 역할을 하기 때문이다.

함께 띄우기

1 체로 곱게 내린 쌀가루와 밀가루를 혼합해 주고 생강즙을 조금씩 뿌려가면서 두 손으로 잘 비벼주어 덩어리가 뭉치지 않도록 일일이 풀어 준다.

2 즙의 혼합이 잘되었으면 다시 한 번 체를 쳐서 뭉친 덩어리를 잘 풀어준다. 가루를 곱게 만들어야 한다.

3 두 손으로 쌀가루를 움켜쥐고 손바닥 전체에 여러 번 힘을 주면서 최대한 둥글고 크게 그리고 단단하게 만든다. 성형이 끝난 누룩은 바로 비닐 등에 넣어 수분이 날아가지 않도록 한다.

4 상자 등 안의 맨 밑에 쑥대를 높이 깔고 그 위에 만들어놓은 누룩을 서로 눌러붙지 않도록 주의하며 올린다. 다시 쑥대를 올리고 이 과정을 반복한다. 맨 위에 쑥대를 올리고 뚜껑을 덮어 준다.

5 30~35℃ 정도에 상자를 놓고 3일에 한 번씩 뒤집어 준다. 7일이 지나면 상자의 뚜껑을 열어 놓는다. 다시 7일이 되면 완전히 꺼내어 바람이 잘 통하는 햇볕에서 말린다.

• 03 •

막걸리편

막걸리 이야기

막걸리는 우리 민족의 애환과 함께한 서민의 술이었다고 해도 과언이 아니다. 맑은 청주가 양반들의 술이었다면 막걸리는 술로 시름을 달래야 했던 촌부가 마시던 서민의 술이었다. 맑지도 않고 탁하기만 한 이 술, 볼품이 별로 없는 이 술이 요즈음 선풍적인 인기를 끌고 있다. 왜 그럴까?

열풍을 타고 있는 막걸리도 불과 몇 년 전까지만 해도 소주, 맥주 등에 밀려 찬밥 신세 그 자체였다고 해도 과언이 아니다. 그러기에 술을 빚는 사람의 입장에서는 언제 그 열풍이 또 사라질까 조바심 속에 살얼음을 걷는 심정이라면 믿을 수 있겠는가? 이러한 것은 과거로 돌아가면 더욱 그러하다.

막걸리는 밀주가 금지된 1970년대까지만 해도 전체 술 소비량의 60~70%를 차지할 정도로 인기 높은 술이었으나 카바이드 술 등 좋지 않은 술들이 대량으로 만들어지고 양조장끼리 과당경쟁이 심해지면서부터 대중들에게 외면당하기 시작해 1986년 아시안게임과 1988년 올림픽을 전후로 해외여행과 수입자유화가 본격화되면서 막걸리의 침체가 본격화되기 시작하였다. 1990년대에 들어서자 막걸리는 전체 술소비량의 5%대로 떨어지면서 소주가 마치 우리 전통주인 것처럼 맥주와 함께 대중주로서 자리매김을 하기 시작하였다.

이제 다시 시작된 막걸리의 열풍, 건강에 좋다는 순하고 부드러운 막걸리를 우리가 지켜나가야 한다. 과거처럼 많이 팔린다고 기업의 양심을 저버리고 기술개발에 등한시 할 경우 다시 옛날의 전철을 밟지 말라는 법이 없다. 이제 다시 새로운 도전이 시작되는 것이다.

전통 막걸리와 시중 막걸리와의 차이

전통 막걸리

전통 막걸리는 우리 조상들이 만들어오던 방법 그대로 재현하거나 응용해 만드는 막걸리이다. 그래서 전통 누룩을 사용하고 술이 다 익었으면 거름망에 걸러 물을 타서 적정한 알코올 도수를 맞춰 마시게 된다. 전통 누룩을 이용해 술을 빚다보니 맛이 깊고 풍미있는 막걸리가 만들어지고 쌀에 있는 당을 이용하다 보니 인공첨가제가 들어가지 않은 건강에 좋은 술이라고 할 수 있다.

시중 막걸리

시중 막걸리는 일반 양조장에서 만들어 판매되는 막걸리를 지칭하게 되는데 형태는 비슷하나 만드는 과정이 전통 막걸리와 많은 차이를 가지고 있다. 시중 막걸리의 제조과정은 원료 → 원료처리 → 증자 → 냉각 → 입국제조 → 밑술 → 한 번 빚음 → 두 번 빚음 → 숙성 → 제성 → 탁주가 만들어지게 된다.

전통 막걸리와의 차이는 누룩에 있다. 전통 막걸리는 효소와 효모가 들어 있는 전통 누룩을 이용해 술을 빚는데 반해 시중 막걸리는 일본식의 입국(곡식을 증자한 후 특정 국균을 배양하여 만든 국)을 이용하여 술을 만들기 때문에 술의 맛이 단조롭고 알코올이 최대한 생성되어 술이 쓰다. 그래서 인공첨가제인 아스파탐, 아세설팜칼륨, 구연산, 올리고당 등으로 맛을 맞춘다.

탁주, 막걸리, 동동주는 어떻게 다른가?

탁주

탁주는 말 그대로 탁한 술을 지칭한다. 술이 완성되면 용수를 박아 청주를 뜨게 되고 나머지 탁한 술을 탁주라고 일컬었다. 청주와 대비해 맑은 술은 청주, 혼탁한 술은 탁주라고 하였고 이 탁주에 물을 타서 마시는데, 최근 농림수산식품부에서 탁주와 막걸리가 혼동되어 사용되고 있는 것을 막걸리로 통일하였다.

막걸리

막걸리는 막 걸러서 마신다하여 붙여진 이름이다. 여기서 막은 '함부로' 또는 '거칠게'라는 의미가 있다. 거칠게 물을 타 걸러 마시는 술을 막걸리라 하였는데 이 용어는 여과 과정을 형상화시킨 것이라 볼 수 있다. 그에 반해 탁주라는 말은 술의 맑고 탁한 정도를 보고 이름을 붙인 것이다. 막걸리도 탁한 술이니 탁주에 속한다고 볼 수 있지만 꼭 그렇지만은 않다. 처음부터 탁하게 제조한 술은 굳이 거칠게 물을 타서 걸러 마실 필요가 없기 때문에 막걸리라 부르기가 곤란하다. 그러나 이제 용어가 통일되었다. 탁한 술이 막걸리이다.

동동주

시중 음식점에서 판매되는 동동주의 가격은 막걸리에 비해 매우 높다. 무엇이 다른 것일까? 동동주는 예전에 밀주라고 하여 집에서 몰래 만들어 마시는 술이 유통되는 술로 여겨져왔다. 그러기에 시중의 양조장에서 제조된 술보다 비싼 술로 인식이 되는 것이다. 그러나 실상은 예전이나 지금이나 법적용어로 동동주라는 용어는 없다. 다만 쌀알이 동동 떠있는 술이라는 의미로 그렇게 불려지고 있는 것이다. 예전 고문헌에 있는 부의주를 동동주라고 불리는 것이라고 보여진다. 부의주浮蟻酒는 밥알이 술 표면에 떠있는데 마치 개미 알이 떠있는 것 같이 보인다하여 붙여진 술 이름이다.

맛있는 막걸리 만들기

단양주 막걸리

처음부터 막걸리를 제조할 목적으로 고두밥에 누룩을 혼합하고 물을 넣어 항아리에 넣고 발효시켜 걸러 마시는 막걸리다. 만드는 방법이 간단하고 쉬워 발효가 잘되는 여름철에 주로 빚는 술이다.

그러나 문제는 있다. 누룩에 의존하다 보니 누룩에 있는 미생물의 수가 한정되어 발효가 늦게 진행이 되고 알코올 도수가 낮아 초산균에 의한 초산 발효가 일어나 자칫 관리를 잘못하면 신술이 만들어 질 수 있다. 그래서 우리 조상들은 단양주 막걸리를 만들 때 누룩을 많이 넣어 부족한 미생물을 보충하기도 하였는데 그러다보니 누룩향이 많이 나서 맛과 향에 있어 문제가 되곤 한다.

다양주 막걸리

이양주, 삼양주 등과 같이 여러 번 빚음을 하여 누룩에 있는 미생물을 배양하여 술을 빚은 다음 술이 완성되면 거름망에 걸러 마시는 막걸리이다. 이 방법은 좀 복잡하고 여러 번 술을 담가야 하는 불편함은 있을 수 있지만 앞에서 설명한 단양주의 단점을 극복한 술 빚는 방법이라고 할 수 있다.

첫째, 여러 번 빚어 깊고 풍미가 높은 맛있는 막걸리를 만들 수 있다.

둘째, 누룩을 적게 넣고 미생물 배양을 통해 술을 빚음으로 해서 술에서 누룩 향이 거의 나지 않는 막걸리를 빚을 수 있다.

셋째, 많은 미생물을 이용하여 알코올 도수가 높은 막걸리를 빨리 빚음으로 해서 초산균에 의한 술의 변패를 막을 수 있다. 또 이 방법을 이용하면 맑은 청주도 얻을 수 있어 일석삼조의 효과를 얻을 수 있는 유용한 술 빚기라고 생각되어 적극 추천한다. 그러니 간단한 방법만 생각하지 말고 막걸리라도 향이 깊고 그윽한 맛을 내는 막걸리를 연구하고 개발하는 자세가 필요하다.

막걸리 함께 빚기

맛있는 막걸리 이제부터 빚어보자.
본 편에서는 단양주 형식의 막걸리 만들기를 소개한다.

단양주 막걸리 기본 과정

1. 곱게 빻은 누룩 물에 담가 수곡(누룩물) 만들기
2. 고두밥 찌기
3. 식지 않은 고두밥과 끓는 물 혼합해주기
4. 차게 식힌 고두밥과 수곡 열심히 혼합하기
5. 잘 혼합되었으면 발효통에 넣고 25℃에서 발효시키기
6. 5일 간격으로 술덧 저어주기
7. 맑은 술이 뜨면 걸러 마시기

막걸리 빚는 과정 자세히 알고 가기

1. 수곡(누룩물) 만들기

물에 누룩을 담가 놓으면 누룩에 있는 효소와 효모를 활성화시켜 당화와 발효를 촉진시킬 수 있다. 효소와 효모의 빠른 활동을 유도하여 잠복기를 줄이고 효소와 효모가 자리를 조속히 잡고 전분을 분해하고 알코올을 생성하도록 환경을 미리 조성해 주는 것이다. 이 때 가능하면 누룩을 곱게 빻아서 사용하면 더 효과가 높다. 그러나 누룩을 물에 오래 담가 놓으면 젖산균이 많이 생성되어 술이 시어지는 원인이 되니 주의하여야 한다.

2. 고두밥이란?

물기가 없이 밥알이 탱글탱글하여 억지로 누르지 않으면 잘 깨지지 않게 쪄진 밥을 말한다. 고두밥 찌기 참 힘들다. 그런데 왜 힘들게 고두밥으로 술을 빚는 것인가? 그 이유는 맛있는 술을 빚기 위함이다. 쌀에서 우리가 필요로 하는 것은 전분이며, 쌀에 있는 단백질, 지방, 칼슘, 칼륨 등은 아니다. 이들은 오히려 건강에는 좋을지 모르나 술의 품질, 향 등에는 좋지 않는 영향을 준다. 그래서 우리에게 필요한 전분만 이용하기 위해 고두밥을 찌는 것이다. 고두밥을 쪄 호화된 상태로 투입을 하면 효소가 전분 조직을 잘 분해하여 당화가 잘 이루어지게 된다.

잘 쪄진 고두밥에는 미세한 크랙이 가있고 전분 조직이 깨져 있어 누룩과 혼합하는 과정에서 효소가 쌀 내부로 침투, 전분을 분해하여 포도당이 밖으로 빠져 나오게 되며, 이를 효모가 알코올로 변화시키는 것이다. 그리고 술에 별로 좋은 영향을 주지 않는 단백질, 지방 등은 술 거를 때 지게미로 나오게 된다.

3. 끓는 물과 고두밥 혼합하기
고두밥이 쪄지면 양푼에 끓는 물을 부어 호화를 한번 더 촉진하고 전분 조직을 파괴하면 미생물이 전분 조직을 더 잘 분해할 수 있어 당화를 촉진시킬 수 있다. 온도를 높여 빚음으로 해서 발효보다는 당화에 중점을 두게 된다.

4. 고두밥과 누룩물 혼합하기
단양주의 경우 다소 밥알이 깨지는 한이 있더라도 열심히 주물러 혼합해 주어야 한다. 가능한 많이 치대어 혼합해야 적은 양의 효소가 고두밥에 침투하여 전분 조직을 빨리 분해할 수 있다. 단양주에서는 굳이 청주를 얻지 않고 막걸리를 얻는 것이 목적이기 때문에 고두밥이 다소 깨져도 무방하다.

5. 고두밥 식혀서 혼합하는 이유
효모가 좋아하는 온도 25℃에 맞추어 발효가 잘되게 하기 위함이다.

6. 25℃에서 술 발효시키는 이유
25℃에서 술 빚기를 시작하면 누룩 속의 효소의 작용으로 전분이 당으로 변하고 효모의 증식이 활발하게 진행되면서 당이 알코올로 변하면 품온이 올라가게 된다. 품온은 적어도 28℃를 넘지 않도록 하여야 한다. 품온이 28℃가 넘게 되면 효모의 활동이 저하되거나 사멸의 길을 걷게 되고 효모가 사멸하면 술덧은 산패된다.

7. 수곡(누룩물)을 만들고, 고두밥과 끓는 물을 혼합하고, 고두밥과 수곡을 열심히 혼합해 주어야 하는 이유
단양주는 누룩에 있는 적은 수의 미생물로 술을 빚기 때문에 미생물이 고두밥을 잘 분해하여 최대한 빨리 당화가 촉진되도록 환경을 조성해 주는 것이 필요하다.

고두밥 만들기

고두밥은 술 빚기에서 매우 중요한 부분이므로 막걸리 빚기에 앞서 고두밥 만드는 방법을 자세히 설명하고자 한다.

〈재료〉
찹쌀 5ℓ (4kg)

〈도구〉
찜기, 주걱, 면 보자기, 받침대, 대나무발 등

함께 만들기

1. 찹쌀 깨끗이 씻기

  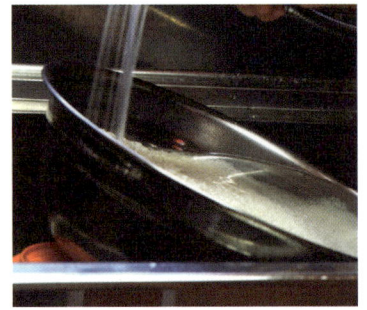

양푼에 찹쌀을 담고 물을 부은 다음 손바닥을 넓게 펼치고 시계반대 방향으로 원을 그리며 빨리 돌린다. 그러면 쌀알과 쌀알이 서로 부딪히면서 오염물질 등이 제거된다.

50여번 돌려 씻은 다음 물을 버리고 다시 물을 붓고 돌려 씻는다. (4번 반복) 수돗물을 내려 쌀뜨물이 맑게 될 때까지 계속한다. 이때 한쪽방향으로 물을 내려 맑게 되었으면 반대편으로 물을 내려 맑게 한다.

찹쌀은 멥쌀에 비해 조직이 단단하지 못해 잘 깨지고 부스러지기 쉬우므로 씻을 때 주의해야 한다. 부스러지고 깨지면 쌀에 있는 전분이 물에 녹게 되므로 술이 제대로 될 수 없다. 씻을 때는 10분이 경과되지 않도록 빨리 씻되 부스러지지 않도록 조심히 씻는다.

2. 3시간 침수시키기

깨끗이 씻었으면 물에 3시간 동안 침수시켜 물이 쌀알에 충분히 흡수되도록 한다.

3. 30분간 물 빼기

침수시킨 쌀을 건져 채반에 놓고 물기를 약 30분 정도 뺀다.

*쌀을 침수시키는 이유
쌀을 물에 오래 담가두면 수분이 쌀에 흡수되고 그것이 찌는 과정에서 열을 받게 되면 기체로 변하면서 팽창하게 되어 쌀의 조직을 깨뜨린다. 나중에 누룩을 넣고 혼합하게 되면 이렇게 깨진 조직 사이로 효소가 침투하여 전분을 쉽게 분해할 수 있는 환경이 만들어지게 된다.

*침수한 쌀을 채반에서 물을 빼는 이유
물이 덜 빠진 쌀을 고두밥을 찌게 되면 내솥에 물층이 형성되어 밥이 질어지거나 물층으로 인해 설익은 밥이 될 수 있다.

3. 고두밥 찌기

찜기 절반 정도에 물을 붓고 펄펄 끓인다.

내솥에 젖은 면 보자기를 깔고 그 위에 물기를 뺀 쌀을 넣고 끓고 있는 찜기에 내솥을 맞추어 놓는다. 뚜껑에 면 보자기를 덮어 싼 다음 뚜껑을 덮는다. (수증기가 뚜껑에 맺혀 떨어지는 것 방지)

통상 찜기에 쌀을 올려놓고 약 15분 정도 경과하면 솥뚜껑 위로 밥 냄새와 함께 김이 모락모락 올라온다. 이때부터 시간을 재서 40분간 찐다.(멥쌀인 경우 1시간 찐다.)

40분이 경과되면 불을 끄고 10분간 뜸을 들인 후 뚜껑을 열어보고 쌀알이 익었는지 맛을 본다. 맛을 볼 때는 겉과 속의 쌀알을 주걱을 이용하여 맛보아야 한다.

설익은 것이 발견되면 위와 아래를 섞어 주고 찬물을 뿌려 준 다음 더 쪄주어 완전히 익힌 다음 술을 빚어야 한다.

*설익은 밥으로 술을 빚으면 안 된다
다 찌고 나서는 반드시 먹어보아 익었는지 확인한다. 잘못하면 가운데가 설익을 수 있는데 설익은 밥은 사람도 싫어하지만 미생물도 싫어한다. 술덧 내에 효모가 자리를 잡고 알코올 도수가 10~14°는 되어야 잡균이 침입하지 못하는데 효소가 설익은 밥을 잘 당화시키지 못하므로 알코올이 제때 생성되지 못해 술덧 내부는 잡균 침입에 무방비 상태가 된다. 이것이 산패의 원인이 된다.

*많은 쌀을 찔 때 주의할 점
쌀을 많이 찔 때는 중간부분에서 설익는 경우가 있다. 이를 방지하기 위해 중간에 찬물을 넣어 주기도 한다. 찌기 시작한 후 30분 되었을 때 뚜껑을 열어 밥의 위·아래를 뒤집어 주고, 찬물 1ℓ를 쌀알 위에 흩뿌려주고 10분간 더 쪄준다. 위의 찬물과 밑의 뜨거운 열기가 만나 중간부분에 열기가 몰려 흩어지면서 중간부분의 쌀이 익게 된다.

4. 고두밥 식히기

밑부분에 공기가 통하도록 바닥 밑에 받침대를 놓는다.

받침대 위에 대나무 발을 놓는다.

그 위에 젖은 면 보자기 또는 삼베 보를 깐다.

그 위에 고두밥을 펼쳐서 식히는데 10분 간격으로 고두밥을 고루 뒤집어주며 손등으로 만져보아 찬 기운이 느껴질 때까지 식힌다. 고두밥은 효모가 좋아하는 온도인 25℃까지 식힌다.

단양주의 경우 고두밥을 찌고 탕수와 혼합 후에 식힌다.

고두밥 찌기
자세히 알고 가기

고두밥의 종류
1. 찹쌀 고두밥
찹쌀은 전분 조직이 단단하지 않아 쉽게 분해가 되어 빨리 당화가 이루어지고 당이 완전하게 알코올로 변하지 않아 단맛이 강하다.

2. 멥쌀 고두밥
멥쌀은 전분 조직이 단단하여 쉽게 분해가 되지 않아 찜기에서 찔 때도 찹쌀보다 오래 쪄야 한다. 통상 김 오르고 나서 1시간 정도 쪄준다. 멥쌀로 빚은 술은 단백하면서 독한 술이 빚어져 드라이한 맛을 느낄 수 있다.

일반 밥으로 술을 빚을 수는 없는가?
물론 가능하다. 그러나 단백질, 지방 등이 술과 혼합되어 맛과 향이 떨어지는 술이 만들어 진다. 단백질은 프로티제라는 효소에 의해 아미노산으로 변해 자칫 간장 맛과 향이 날 수 있다.

싸래기(깨어진 쌀)로 술을 빚을 수 있나?
결론부터 이야기 하면 술을 빚을 수는 있으나 맛이 없는 술이 될 것이다. 우리가 빚는 전통주는 쌀의 전분을 이용하는데 그 전분을 효소가 분해하여 포도당으로 변화시키고 변화된 포도당은 효모에 의해 알코올과 탄산가스로 변하게 된다. 이 때 만일 쌀이 싸래기로 되었다면 씻는 과정에서 전분이 물에 용해되어 없어지고 마니 무엇을 가지고 효소가 포도당을 만들 것인가! 그래서 쌀을 씻을 때도 깨지지 않게 원을 그리며 씻는 이유가 여기에 있다.

고문헌에 백세百洗하라는 의미는?
《음식디미방》 등 고문헌에 보면 백세하라 또는 백세작말百洗作末 하라는 말이 나온다. 백번을 씻으라는 말인데 그러면 쌀은 어떻게 될까? 모두 싸래기가 될 것이다. 그럼 우리 조상들은 싸래기로 술을 빚었을까? 그것은 아닐 것이다. 예전에는 오늘날처럼 도정 기술이 발달되지 않아 백 번정도 씻어야 겨우 술 빚기 좋은 쌀이 되었을 것이다. 오늘날에는 백세의 의미를 깨끗이 씻는다는 의미로 해석하면 된다.

부의주浮蟻酒 함께 빚기

막걸리 제조방법 중 대표적인 술로《음식디미방》에 있는 '부의주' 단양주를 소개하며 함께 빚어 본다. 단양주는 한번 빚는 술 제조방법을 말한다. 한번 빚어 술을 취하기 때문에 여름의 온도가 높을 때 빚으면 좋은 술이 된다.

부의주浮蟻酒는 술이 다 익으면 밥알이 떠오르는데 마치 개미 알과 같다고 하여 붙여진 술로서 막걸리의 대표적인 술이다. 오늘날에는 쌀알이 동동 떠있다고 하여 동동주라고 불려지기도 한다.

*실제 밥알이 동동 뜨나
동동주는 실제 밥알이 동동 떠야 이름에 걸맞는 술이 된다. 그러나 술에 걸러 채주하다 보면 발효 때 동동 뜨던 밥알이 더 이상 뜨지 않는다. 그래서 시중에 나와있는 동동주 중에는 식혜를 이용하여 밥알을 만들어 동동 띄우기도 한다.

〈재료〉
찹쌀 5ℓ (4kg), 물 3ℓ, 수곡 2ℓ (누룩 1kg)

〈도구〉
찜기, 양푼, 주걱, 발효통(항아리 등 20ℓ)

〈준비하기〉
고두밥 만들기 준비
　찹쌀을 깨끗이 씻어 물에 3시간 담가 놓고 물기를 30분 정도 뺀다.
수곡 만들기
　누룩 1kg 을 끓여 식힌 물에 담근다. 3~4시간 정도 담가 놓았다가 거름망을 이용하여 누룩을 거른다.

함께 빚기

1. 고두밥 만들기

깨끗이 씻은 찹쌀을 찜기 등에 올려 놓고 40분 찌고 10분간 뜸을 들인다. 널찍한 양푼에 고두밥을 붓는다.

2. 끓는 물과 고두밥 혼합하기

물 3ℓ를 끓여서 식히지 않은 고두밥과 혼합한다. 물이 잘 흡수되었으면 받침대 위에 발과 면 보자기를 깔고 그 위에 고두밥을 펼쳐 위아래 뒤집으면서 25℃ 정도로 식힌다.(선풍기를 이용할 경우 더 빨리 식힐 수 있다.)

3. 고두밥과 수곡 혼합하기

걸러 놓은 누룩물과 식힌 고두밥을 30분 이상 열심히 주물러 주면서 혼합한다.

단양주에 있어서 혼합은 다소 밥알이 깨지는 한이 있더라도 효소가 고두밥에 침투하여 전분을 빨리 분해할 수 있도록 열심히 주물러 혼합해 주어야 한다. 동동주는 막걸리 용이므로 고두밥이 다소 깨져도 무방하다. 그러나 잘 쪄진 고두밥은 깨지지 않으니 걱정하지 않아도 된다.

4. 발효시키기

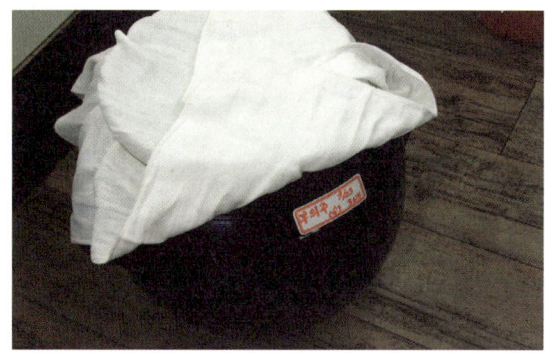

잘 혼합되었으면 살균한 발효통에 넣고 25℃에서 발효를 시킨다.
5일 간격으로 술덧을 저어주고 맑은 술이 뜨면 사용한다.

소담素淡 막걸리 함께 빚기

만들어 놓은 주모(미생물을 배양해 놓은 술 : 청주편에서 자세히 설명한다.)가 있다면 이를 이용하여 맛있는 막걸리를 만들 수 있다. 주모에는 누룩을 통해 대량으로 증식된 미생물이 있어 적은 양으로도 맛있는 막걸리를 만들 수 있다. 이 술은 앞의 동동주보다 단맛이 적으면서 단백한 맛을 나타내어 소담 막걸리라 하였다.

〈재료〉
찹쌀 5ℓ, 주모 2ℓ, 물 3ℓ

〈도구〉
발효통 15ℓ, 주걱 등

〈준비하기〉
고두밥 만들기 준비
  찹쌀을 깨끗이 씻어 물에 3시간 담가 놓고 물기를 30분 정도 뺀다.

*주모를 사용하는 이유
두 번 이상 빚어 놓은 주모를 이용하여 술을 빚으면 대량으로 증식된 미생물로 인해 많은 효소가 전분을 당으로 전환시키고 또 많은 효모가 당을 이용하여 알코올을 만들게 되어 실패 없이 안전하게 술을 빚을 수 있다. 또 주모를 2빚음 이상 만들어 사용하면 맑고 깨끗하면서 깊고 그윽한 향을 가진 청주를 얻을 수도 있다.

*주모 3 이란?
주모를 세 번 빚음했다는 뜻으로 2번 빚음하는 주모 2에다 한 번 더 멥쌀로 범벅을 만들어 주모 2와 혼합하여 미생물에 영양분을 공급하여 주는 것이 주모 3이라고 할 수 있다.

*주모 5 이상은?
주모 5 이상이 되면 자기가 만든 알코올과 탄산가스로 인해 사멸하는 효모의 수가 증가하여 발효력이 떨어지고 효소를 분비하는 곰팡이도 공기가 부족하여 사멸하게 되어 당화력(당을 만드는 능력)도 떨어지는 현상이 발생하게 된다. 물론 그 와중에도 살아남은 미생물들이 있기는 하겠으나 그 수가 현저히 감소하게 되어 오히려 술의 질에 좋지 않는 영향을 끼칠 수 있으니 가능한 주모 5 이상 빚지 않는 것이 좋다. 만일 빚고자 한다면 누룩을 더 넣어 주어 새로운 미생물을 투입하는 것이 필요하다.

함께 빚기

1. 고두밥 만들기

깨끗이 씻은 찹쌀을 찜기 등에 올려 놓고 40분 찌고 10분간 뜸을 들인다. 넓찍한 양푼에 고두밥을 붓는다.

2. 끓는 물과 고두밥 혼합하기

물 3ℓ를 끓여서 식히지 않은 고두밥과 혼합한다. 물이 잘 흡수되었으면 받침대 위에 발과 면 보자기를 깔고 그 위에 고두밥을 펼쳐 위아래 뒤집으면서 25℃ 정도로 식힌다.(선풍기를 이용할 경우 더 빨리 식힐 수 있다.)

3. 주모와 고두밥 혼합하기

식힌 고두밥과 빚어 놓은 주모 2ℓ를 걸러 놓은 누룩 물과 식힌 고두밥을 30분 이상 열심히 주물러 주면서 혼합한다.

4. 발효시키기

잘 혼합되었으면 살균한 발효통에 넣고 25℃에서 발효를 시킨다.
5일 간격으로 술덧을 저어주고 맑은 술이 뜨면 사용한다.

백설白雪 막걸리 함께 빚기

우리는 여태까지 막걸리를 빚으면서 대부분을 찹쌀 고두밥을 이용하여 빚어 왔다. 그러나 이번에는 고두밥 대신에 멥쌀가루를 가지고 백설기를 만든 다음 이를 이용하여 막걸리를 만들어 보고자 한다. 이 술은 백설기를 이용하여 술을 빚기도 하지만 술 색이 하얀 색을 띠어 백설 막걸리라 이름을 지었다.

멥쌀을 이용하여 막걸리를 빚으면 술에 단맛이 적으나 드라이하고 깔끔한 맛을 느낄 수 있다.

〈재료〉
멥쌀 5ℓ, 탕수 (끓는 물) 5ℓ, 누룩 1kg

〈도구〉
찜솥, 시루 외 기타 도구

〈준비하기〉
백설기 만들기 준비
　쌀을 깨끗이 씻어 3시간동안 물에 담가 놓았던 백미를 건져 30분간 물을 뺀 다음 곱게 빻고 채로 내려 한 번 더 곱게 만든다.

*백설막걸리는 2일 간격으로 술덧을 저어준다
단양주는 윗막지(p. 104 참고)가 두껍게 자리를 차지하기 때문에 위아래가 잘 혼합이 되도록 자주 저어주어야 한다. 통상 5일에 한 번씩 저어주는 것이 좋은데 백설기는 가루 → 증미 → 찬물로 혼합 등의 단계를 거치면서 범벅과 달리 잠복기가 길고 미생물이 분해하기 어려운 상태로 되어 있어 오염될 가능성이 높으므로 2일에 1회 위아래가 혼합되도록 저어주고 가능한 단맛이 돌 때 빨리 취하게 된다.

함께 빚기

1. 백설기 만들기

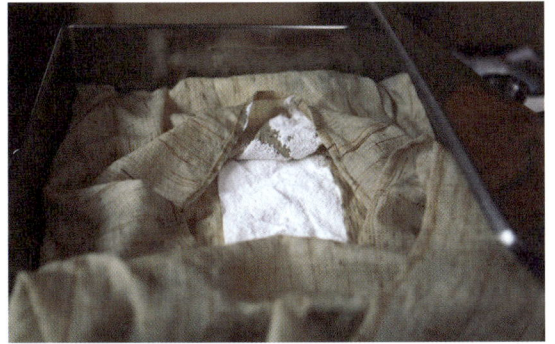

솥에 물을 끓인 다음 쌀가루에 물을 넣지 않고 찜기에 앉힌다. 앉힌 후 5~10후에 찜기 뚜껑으로 김이 올라오면 그 때부터 20분을 더 쪄준다. 젓가락을 찔러서 흰 가루가 묻어나오지 않으면 다 익은 것이다. 일반 떡집에서 하듯이 물을 넣고 찌면 전분조직이 서로 달라붙어 나중에 혼합이 어렵다.

2. 백설기와 끓는 물 혼합하기

양푼에 백설기를 넣고 끓는 물 5ℓ를 붓고 주걱으로 백설기를 풀어 준다. 어느 정도 식었으면 손으로 잘 풀어 준 다음 식힌다. 백설기는 가루이기는 하나 찌는 과정에서 덩어리졌기 때문에 잘 풀어주어야 효소가 분해하기 쉽다. 이 과정을 소홀히 할 경우 술이 시어지기 쉽다.

3. 식힌 백설기와 누룩 혼합하기

식힌 백설기와 준비해 둔 곱게 빻은 누룩을 30분 이상 두 손으로 열심히 혼합해 준다.

4. 발효시키기

잘 혼합되었으면 발효통에 넣고 25℃에서 발효시킨다. *2일 간격으로 술덧을 저어주고 맑은 술이 뜨면 사용한다.

삼일三日 막걸리 함께 빚기

술을 익히는데 있어 빠른 시일 내에 숙성시키는 술을 속성주류速成酒類로 분류한다. 속성주로는 일일주, 삼일주, 시급주, 칠일주, 십일주 등 많은 종류가 있다. 속성주 중 삼일주는 "3일 만에 술이 익는다."하여 술 이름을 붙였다. 빨리 술이 되는 단양주인 속성주는 대부분 탁주인데 반해, 삼일주는 청주로 분류된다.

삼일주에 대한 기록으로는《임원십육지》를 비롯《역주방문》,《산림경제》,《음식디미방》,《양주방》,《음식방문》,《술 만드는 법》등이 있는데, 각각의 문헌마다 약간씩 술 빚는 법에서 차이가 있다. 여기서는《산림경제》에 기록된 삼일주를 중심으로 설명을 하겠다.

여기서 소개하는 삼일주는 빚어놓은 좋은 술과 누룩을 이용하여 빚기 때문에 달콤하면서 그윽한 향이 나는 술을 얻을 수 있어 좋다. 또한 삼일주는 3일만에 완성되는 속성주로서 살아있는 효모와 유산균의 활성이 대단히 높다는 것이 특징이다.

*좋은 술이란

미리 빚어놓은 이양주나 삼양주를 말한다. 삼양주 이상의 술을 이용하면 대량으로 증식된 미생물로 인해 실패 없이 안전하게 술을 빚을 수 있다.
삼양주 이상의 술의 도수는 약 18도 정도가 되는데 이러한 독한 술이 술빚을 때 넣어 주면 누룩에 있는 미생물인 효모들이 어느 정도 발효를 진행하다가 높은 알코올에 취해 술 빚는 기능이 상실되거나 사멸할 수 있다는 것이다. 이에 반해 효소는 물질이기 때문에 계속 당화작용을 하게 되어 제법 단술이 만들어 지게 된다. 이 때 삼양주 이상의 좋은 술을 만들어 사용하면 맑고 깨끗하면서 깊고 그윽한 향을 가진 청주를 얻을 수 있다.

〈재료〉
찹쌀 5ℓ, 물 3ℓ, 누룩 600g, *좋은 술 2ℓ (빚어 놓은 이양주나 삼양주)

〈도구〉
발효통 15ℓ, 주걱 등

〈준비하기〉
고두밥 만들기 준비
　찹쌀을 깨끗이 씻어 물에 3시간 담가 놓고 물기를 30분 정도 뺀다.
누룩은 곱게 빻기

함께 빚기

1. 고두밥 만들기

깨끗이 씻은 찹쌀을 찜기 등에 올려 놓고 40분 찌고 10분간 뜸을 들인다. 널찍한 양푼에 고두밥을 붓는다.

2. 끓는 물과 고두밥 혼합하기

물 3ℓ를 끓여서 식히지 않은 고두밥과 혼합한다. 물이 잘 흡수되었으면 받침대 위에 발과 면 보자기를 깔고 그 위에 고두밥을 펼쳐 위아래 뒤집으면서 25℃ 정도로 식힌다.(선풍기를 이용할 경우 더 빨리 식힐 수 있다.)

3. 좋은 술과 식힌 고두밥과 누룩 혼합하기

식힌 고두밥과 누룩 그리고 좋은 술을 두 손으로 열심히 혼합한다.

4. 발효시키기

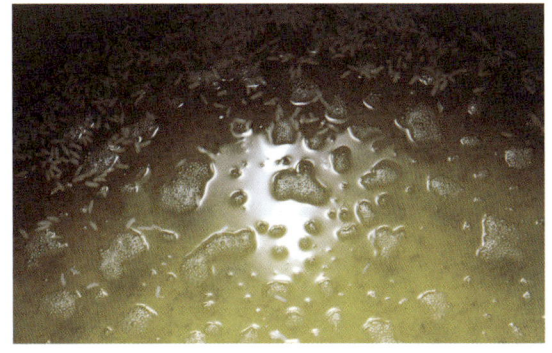

잘 혼합되었으면 발효통에 넣고 발효시킨다. 삼일 막걸리는 속성주이기 때문에 25℃보다 다소 높은 온도에서 발효시킨다.
5일 간격으로 술덧을 저어주고 맑은 술이 뜨면 사용한다.

청감주青甘酒 함께 빚기

《고사촬요》,《주방문》,《술만드는법》 등에 등장하는 청감주는 막걸리 중 대표적인 술로《음식디미방》에 있는 '부의주'를 일부 변형한 술이라 할 수 있다. 청감주는 '동방주'라고도 불렸는데 그 맛이 매우 달콤하면서 맛있다고 하여 붙여진 술로서 빚는 방법은 좋은 술을 이용하여 단양주 형식으로 빚으나 좋은 술의 종류에 따라서 이양주 또는 삼양주가 될 수도 있다.

〈재료〉
찹쌀 5ℓ (4kg), 물 3ℓ, 좋은 술 2ℓ, 누룩 800g
  빚어 놓은 이양주나 삼양주가 있다면 2ℓ를 준비해 놓는다.
  좋은 술이란 미리 빚어놓은 이양주나 삼양주를 말한다. 만일 삼양주를 빚어 마시다 남은 양이 2ℓ라면 이를 이용하여 훌륭한 청감주를 빚을 수 있다.

〈도구〉
찜기, 양푼, 주걱, 발효통(항아리 등 20ℓ)

〈준비하기〉
고두밥 만들기 준비
  찹쌀을 깨끗이 씻어 물에 3시간 담가 놓고 물기를 30분 정도 뺀다.
주곡 만들기
  누룩 800g을 *좋은 술 2ℓ에 3~4시간 동안 담가둔다.

*누룩을 좋은 술에 넣어 주면 어떠한 반응이 일어나나?
좋은 술의 알코올 도수는 17~18°로 알코올 함양이 매우 높다. 이러한 높은 알코올 도수에 누룩을 넣어 두면 누룩에 있는 효소는 물질이기 때문에 알코올에 별 영향을 받지 않고 계속 전분을 포도당으로 분해를 하나 미생물인 효모는 높은 알코올 도수로 인해 제 기능을 상실하고 포도당을 알코올로 변화시키지 못한다. 따라서 이 술은 매우 달콤한 술이 만들어 지는데 이 때 효모의 기능상실로 알코올이 생성되지 못하는 대신 좋은 술이 알코올 역할을 한다고 보면 된다.

주곡

함께 빚기

1. 고두밥 만들기

깨끗이 씻은 찹쌀을 찜기 등에 올려 놓고 40분 찌고 10분간 뜸을 들인다. 널찍한 양푼에 고두밥을 붓는다.

2. 끓는 물과 고두밥 혼합하기

물 3ℓ를 끓여서 식히지 않은 고두밥과 혼합한다. 물이 잘 흡수되었으면 받침대 위에 발과 면 보자기를 깔고 그 위에 고두밥을 펼쳐 위아래 뒤집으면서 25℃ 정도로 식힌다.(선풍기를 이용할 경우 더 빨리 식힐 수 있다.)

3. 주곡과 고두밥 혼합하기

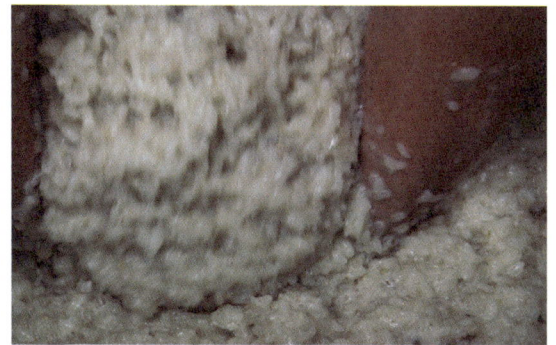

고두밥이 충분히 식었으면 만들어 놓은 주곡을 넣고 혼합해 준다. 혼합할 때는 주곡이 고두밥에 잘 파고들어 갈 수 있도록 가능한 많이 치대주어야 한다.

4. 발효 시키기

잘 혼합되었으면 살균한 발효통에 넣고 25℃에서 발효시킨다.
5일 간격으로 술덧을 저어주고 맑은 술이 뜨면 사용한다.

술 발효 시키기

> 25℃ 정도에 발효통을 놓는다.
> 발효통 입구를 두꺼운 천으로 막는다.
> 5일 간격으로 *술덧을 저어준다.

*술덧이란?
쌀가루와 물 그리고 누룩을 함께 섞어 놓은 것을 말한다.

*술덧

25℃ 정도에 발효통을 놓는다
효모가 좋아하는 온도인 25℃에 맞추어 술 빚기를 시작한다. 그래도 품온이 올라가면 28℃이상이 될 수 있으니 주의하여야 한다. 발효통을 놓을 때 그 밑에 사각으로 된 나무 받침대를 놓는 것이 좋다. 급격한 바닥면의 온도변화는 미생물에게 좋지 않은 영향을 끼칠 수 있다.

발효통 입구를 두꺼운 천으로 막는다
술을 담그게 되면 어디서 알았는지 초파리들이 들끓게 된다. 초파리가 초기 알코올이 생성되기 전에 몰려들면 자칫 술덧 내부에 빠져 오염을 시킬 수 있으므로 주변 관리를 철저히 한다. 일단 항아리 등의 입구를 천으로 막고 뚜껑을 덮는다. 온도가 올라갈 경우에는 뚜껑을 열고 천으로만 막아 온도가 상승하는 것을 막아 줄 필요가 있다.

발효통에 앉힌 후 5일 간격으로 술덧을 저어준다
단양주는 고두밥을 투입한 후 5일에 한 번씩 저어준다. 단양주는 미생물의 수가 적어 당화력과 발효력이 떨어지며, 고두밥을 잘 발효시키지 못하여 윗막지가 두텁다. 그래서 술덧을 위아래를 뒤집어 주면서 저어주어 고른 발효를 유도하여야 한다. 저어주지 않으면 전분이 당화되지 못해 시어질 수 있다.
다만 초기에 저어주지 않고 5일만에 저어주는 이유는 5일정도 되면 알코올 도수가 10°까지 올라가 술덧이 안정적인 상태가 될 수 있기 때문이다. 이 시기에 혼합을 해 주면 알코올 도수가 높아 잡균의 침입이 억제되어 저어주어도 술덧이 잘 오염되지 않는다. 또 고두밥이 산화되어 색깔이 변하는 것을 방지하기 위해 뒤집어 준다.
백설기는 잠복기가 길고 미생물이 분해하기 어려운 상태로 되어 있어 오염 가능성이 높으므로 2일에 1회 저어주고 가능한 단맛이 돌 때 빨리 취한다.

계절에 따른 술 빚기 온도

계절에 따라 술 빚을 때 온도에 유의하며 술을 빚어야 한다. 특히 여름에 술 빚을 때 주변의 온도가 지나치게 올라갈 경우에는 술덧 내의 온도가 그 이상으로 올라 갈 수 있다는데 유의해야 한다. 봄, 가을에는 온도에 대하여 큰 걱정을 하지 않아도 되나 여름에는 주변온도가 30℃ 이상도 올라갈 수 있기 때문에 문제가 발생할 수 있다. 주변 온도가 30℃이면 내부 온도는 그 보다 높은 33~35℃가 되어 효모가 기능을 상실할 수 있다.

따라서 여름철에 술 빚을 때는 이 점을 유의해 가능한 시원한 곳에 발효통을 놓아야 한다. 술덧내의 온도를 낮추기 위해 발효통 뚜껑을 열고 면포로 덮어두거나 발효통을 찬물 속에 넣고 냉각을 시켜 가능한 술덧내의 품온이 28℃를 넘지 않도록 관리를 해야 한다.

이와 반대로 겨울에는 발효통을 가능한 따뜻한 곳에 놓아 25℃에서 술 빚기를 시작해야 하고 온도가 낮아 감패(甘敗)되는 일이 없도록 유의해야 한다. 겨울철 온도가 지나치게 낮을 경우 당화는 계속 진행되는데 발효가 일어나지 않아 포도당이 알코올보다 많게 되고 이런 포도당의 축적은 효모의 발효력을 현저히 약화시켜 발효 저해 받는 감패 현상이 나타날 수 있으므로 이 역시 주의해야 한다.

보쌈은 해야 하나?

술을 빚을 때 온도관리를 한다고 하며 두꺼운 이불이나 담요로 발효통을 감싸며 보쌈을 하여 술을 빚기도 하는데 이럴 경우 품온이 급상승(발효통 주변의 온도가 30℃라면 발효통 내부의 품온은 35℃ 이상) 하여 발효통 내의 효모가 사멸 또는 기능이 상실되고 이를 틈타 초산균의 침입으로 급기야 술이 시어 질 수 있다. 따라서 추운 겨울날 방안이 아주 추워 25℃가 안 될 때를 제외하고는 가능한 보쌈은 하지 않는 것이 좋다.

신중하게 발효통 놓기

처음 술 빚을 때에는 25℃에서 술을 빚기 시작하지만 발효가 진행되면 온도는 3℃ 정도 상승하여(미생물이 증식 등으로 활발하게 움직여 온도가 상승) 28~30℃까지 되기 때문에 발효통 주변의 온도에 신경을 써야 한다. 왜냐하면 주변의 온도가 올라가면 발효통의 온도는 더 올라가 30℃ 이상이 되어 미생물에게 좋지 않은 영향을 미칠 수 있기 때문이다. 발효통을 놓을 때는 이 점도 유의해 놓을 자리를 정하여야 한다.

발효통은 봄, 여름, 가을철에는 아파트 등 가정 내에서 남향집일 경우 햇볕을 피해 선선한 뒷 발코니 등에 놓는 것이 좋다. 그리고 겨울에는 다소 따뜻한 자리에 발효통을 놓는 것이 좋다. 또 한 번 놓으면 움직이는 것은 좋지 않기 때문에 (무거운 발효통을 들고 다니는 것은 허리에 좋지 않다.) 신중하게 생각하고 놓을 자리를 바로 잡아야 한다.

받침대

발효통을 놓을 때는 밑에 사각으로 된 나무 받침대를 놓아 바닥의 온도가 발효통에 바로 전달되지 않도록 해야한다. 급격한 온도 변화는 미생물에게 악영향을 끼칠 수 있다.

술덧 저어주기

술 빚을 때 초기에 자주 저어주라는 말을 많이들 한다. 이는 초기에 공기를 술덧에 줌으로써 효모의 호기성好氣性을 이용하여 미생물의 증식을 도모하고, 품온이 갑자기 올라가는 것을 낮추게 하기 위해 쓰는 방편이기도 하다. 그러나 초기 아직 술덧 내에 알코올이 충분히 생성되지 않은 상태에서 저어주면 자칫 잡균에 오염되어 술이 산패될 수 있으므로 주의해야 한다.

이보다는 고두밥 혼합 시에 충분히 혼합을 해주어 공기를 불어 넣어 주는 것이 더 좋고 가능한 초기에는 저어주지 않는 것이 안정적으로 술 빚는 데 도움이 된다. 다만 안정적인 시기가 되었을 때 술의 종류에 따라 기간을 달리하면서 술을 저어주면 좋다.

술덧 저어주기 주의점

혹자는 전분과 효소가 자주 만나야 전분이 분해되어 포도당으로 변하게 되므로 발효통에 술덧을 앉힌 다음에도 12시간마다 저어주어야 한다고 말을 한다. 이는 미생물의 호기성好氣性과 혐기성嫌氣性을 제대로 알지 못해 나온 우치라고 할 수 있다. 즉, 미생물인 효모는 혐기성 생명체로 공기가 없을 때 알코올을 생성하고 공기가 있으면 알코올을 생성하지 않고 증식만 한다. 이러한 성질 때문에 술덧을 발효통에 앉힌 후에는 가능한 뚜껑을 열지 않는 것이 좋다.

그런데 12시간 마다 저어주면 어떻게 되겠는가? 효모가 술을 만들만 하면 한 번씩 저어주니 내부에 공기가 유입되어 알코올 생성이 더뎌지고 잡균에 오염될 확률이 훨씬 높아지게 된다. 물론 전분이 효소와 자주 만나야 분해가 잘되는 것은 분명하다. 그래서 이 책에서는 발효통에 술덧을 앉히기 전에 열심히 30분 이상 혼합해 줄 것을 강조하고 있다.

1. 단양주
단양주는 *윗막지가 두텁기 때문에 고두밥을 투입한 후 5일에 한 번씩 저어준다. 단양주는 미생물의 수가 적어 당화력과 발효력이 떨어지며, 고두밥을 잘 발효시키지 못해 윗막지가 두텁다. 그래서 위아래를 뒤집어 주면서 저어주어 고른 발효를 유도하여야 한다. 저어주지 않으면 전분이 당화되지 못해 시어질 수 있다.

2. 이양주
이양주는 윗막지가 단양주보다 얇기 때문에 고두밥을 투입한 후 7일에 한 번씩 저어준다. 저어주는 이유는 위아래를 고루 저어주어 고른 발효를 유도하고 고두밥 표면이 시간이 경과됨에 따라 색이 변화는 산화현상을 막기 위해서 이다. 이양주는 단양주와 달리 미생물 수가 많아 빠른 당화와 알코올을 많이 생성하기 때문에 기간을 늘려 저어주는 것이다.

3. 삼양주
삼양주는 윗막지가 거의 없기 때문에 굳이 저어주지 않아도 되나 고른 발효를 위해 10일 간격으로 술이 맑게 뜰 때까지 저어주면 좋다.

*윗막지란?

술을 빚으면 효모가 전체적으로 분산되어 발효를 일으키는데 이 때 발효되어 술이 된 액체들이 밑에서 고이게 되고 위에는 아직 발효가 안 된 고두밥이 두껍게 자리를 잡게 된다. 이 때 알코올로 만들어 지지 못하고 술덧 표면에 떠있는 고두밥을 윗막지라고 한다.

유리병을 이용하여 술이 되는 과정을 살펴보면 발효는 전체적으로 일어나고 있지만 술 표면에는 고두밥이 뜨고 술의 액체가 밑에 고이게 된다. 그러다가 발효가 진행되면서 술 표면의 고두밥이 삭아 술 아래로 떨어지고 그래 표면에는 고두밥이 가운데는 술이 맨 밑에는 삭은 밥알이 자리를 차지하게 된다.

이렇게 3중 구조를 보이다 점점 발효가 완료되어 가면서 윗막지가 서서히 줄게 되고 상대적으로 밑의 액체 및 밥알이 증가하게 되며 이윽고 발효가 종결될 때에는 위에 표면에 떠 있던 밥알이 전부 가라앉고 액체 술만 뜨게 된다.

윗막지는 단양주가 제일 많고 삼양주는 적거나 없다. 따라서 단양주일수록 누룩을 많이 넣어주어 발효력을 향상시켜 윗막지를 빨리 줄여나가야 한다. 윗막지가 많은 채로 오래 있으면 당화되지 않은 전분이 많이 남아 있다는 것으로써 술이 시어지는 원인이 된다. 단양주에서 누룩을 적게 넣고자 하면 온도를 높여 미생물의 활동성을 높이거나 고두밥보다 범벅이나 죽으로 빚어 미생물이 잘 먹을 수 있는 환경을 조성하는 것이 좋다. 그리고 멥쌀보다는 전분 조직이 약한 찹쌀로 빚는 것이 필요하다.

막걸리 걸러 마시는 방법

단양주 막걸리는 단맛이 있을 때 맛있는 술이 된다. 기포를 터트리며 왕성하게 탄산가스를 내뿜던 발효 상태가 끝나고 윗막지가 모두 가라앉은 상태에서 술맛을 보아 단맛이 강하고 알코올 도수를 느낄 수 있을 때 채주한다. 신맛은 너무 강하지 않고 약간 있으면 좋다. 백설기로 빚은 술은 빚은 지 3~4일 만에 취하면 좋다.

1. 처음부터 막걸리 만들기
처음부터 막걸리를 만들 것 같으면 발효 중이라도 걸러 마실 수 있다. 즉, 막걸리의 도수 6°정도에서 거름망을 이용해 걸러 마시면 된다. 알코올 도수가 낮기 때문에 되도록 빨리 마셔야 하며 그렇지 않으면 신 술이 될 수 있어 주의하여야 한다.

2. 청주를 거르고 나서
오래 발효를 하여 청주를 얻든지 좀 더 깊은 향을 가진 막걸리를 얻고자 하면 발효가 완전히 끝난 뒤 거름망을 이용해 걸러 냉장 보관하면서 위에 뜨는 맑은 술 청주를 취하고 나머지 지게미에 물을 첨가하여 막걸리로 마시면 된다. 청주와 막걸리를 동시에 얻을 수 있다.

3. 맛있는 막걸리
막걸리만 얻고자 하면 발효가 완전히 끝난 뒤 거름망을 이용해 거른 다음 도수와 맛을 보면서 물을 첨가하여 막걸리로 취할 수 있다. 발효가 완전히 끝나기 전에 막걸리를 취하는 것보다 깊고 다양한 향을 가진 좋은 막걸리를 마실 수 있다.

이 막걸리 역시 물을 첨가하여 알코올 도수를 낮췄기 때문에 가능한 빨리 취하는 것이 좋다. 그러나 물을 넣은 처음에는 물과 술이 혼합이 되지 않아 맛이 없으니 일주일 정도 냉장고에 넣고 숙성시키는 것이 좋다.

막걸리는 흔들어 마시자
막걸리를 마시는 사람들 가운데 침전된 부분을 버리고 위의 맑은 술만 취하는 사람들이 있다. 그런데 우리 몸에 좋은 성분은 술지게미에 많이 있기 때문에 막걸리의 맑은 부분만 취하고 침전된 탁한 부분을 버리는 우를 범하지 않기를 바란다.

막걸리 맛있게 마시기

탄산이 있는 막걸리
샴페인처럼 술 속에 탄산이 녹아들어 시원한 청량미를 갖는 막걸리를 제조하는 방법이다.

1. 자연발생 방법
발효 진행 중일 때 술을 걸러 냉장고에 보관한다.
발효가 계속 진행되면서 발생한 탄산가스가 술 속에 녹아 들어간다.
뚜껑을 열어 마시면 탄산가스에 의해 청량미를 갖게 된다.
시중에 유통되는 막걸리들 중 상당수가 발효가 채 끝나기 전에 병입하여 유통시켜 자연 탄산가스가 발생되도록 제조하기도 한다.

2. 꿀 첨가
채주한 술에 꿀을 타 두면 효모가 꿀을 분해하여 알코올과 탄산가스가 발생하여 청량감 높은 술로 변한다.

3. 탄산 주입하기
걸러 놓은 술에 시중에 판매하고 있는 탄산주입기를 이용하여 주입하고 탄산이 빠져나가지 않도록 밀봉을 하여 둔다. 마시면 청량미를 느낄 수 있다.

물로 단맛 조절하여 마시기
끓여 식힌 물을 조금씩 넣어가면서 기호에 맞는 알코올과 단맛을 맞추어 간다. 혼합비율을 잘 모르겠으면 술양과 첨가물의 양을 1:1로 하여 맞춘다.

색깔 있는 막걸리 만들기

홍화, 비트, 백년초, 형개 등을 이용하여 색깔있는 약재가루를 넣어 아름다운 색의 막걸리를 만들 수 있다. 인공색소가 아니라 천연물질이기 때문에 건강에도 좋다.

홍화紅花 막걸리 홍화씨를 동결 건조시킨 후 가루로 내어 약 10g을 막걸리 1ℓ에 넣어 저어주면 홍화의 붉은 색깔이 묻어나는 막걸리가 제조된다.

비트beet 막걸리 비트를 동결 건조시킨 후 가루로 내어 약 10g을 막걸리 1ℓ에 넣어 저어주면 비트의 연분홍 색깔이 묻어나는 막걸리가 제조된다.

형개荊芥 막걸리 형개를 동결건조 시킨 후 가루로 내어 약 10g을 막걸리 1ℓ에 넣어 저어주면 형개 특유의 갈색 빛깔과 향이 우러나는 맛있는 막걸리가 제조된다.

정향丁香 막걸리 정향을 동결건조 시킨 후 가루로 내어 약 10g을 막걸리 1ℓ에 넣어 저어주면 정향 특유의 짙은 고동색의 빛깔과 향이 우러나는 맛있는 막걸리가 제조된다.

백년초 막걸리 백년초를 동결건조 시킨 후 가루로 내어 약 10g을 막걸리 1ℓ에 넣어 저어주면 백년초 특유의 짙은 붉은 빛깔과 향이 우러나는 맛있는 막걸리가 제조된다.

치자梔子 막걸리 치자를 동결건조 시킨 후 가루로 내어 약 10g을 막걸리 1ℓ에 넣어 저어주면 치자 특유의 짙은 붉은 빛깔과 향이 우러나는 맛있는 막걸리가 제조된다.

막걸리 칵테일 만들기

막걸리하면 미색 또는 아이보리색 일색이었다. 그런데 혁명이 일어났다. 복분자, 키위, 바나나, 포도 등이 가미된 빨간색, 분홍색, 노란색, 보라색, 커피색 등 다양한 색과 맛을 가진 막걸리가 시선을 사로잡고 있다.

막걸리 칵테일을 만들 때 일반 시중 막걸리로 만들 수도 있지만 본인이 직접 만든 막걸리에 과일 등을 첨가하여 자신만의 칵테일을 제조하여 이웃들과 함께 마신다면 어떨까?

혹자는 그것이 전통 막걸리가 아니지 않느냐? 맛이 단조롭고 가볍다는 식으로 탓을 하지만 그것도 기우에 불과하다고 생각된다. 전통 기법으로 만든 전통 막걸리에 과일 등으로 칵테일을 한다면 훌륭한 술로 재탄생될 수 있을 것이다.

*막걸리 칵테일 만드는 요령

막걸리와 과일의 비율은 3:1 정도로 한다. 경우에 따라서는 사이다, 토닉워터 등을 넣고 잘 흔들어 준다. 발효 중인 막걸리라면 굳이 넣어줄 필요는 없고 발효가 끝난 막걸리는 청량감을 주기위해 사이다를 넣어 준다.

과일의 종류와 색깔은 자신의 취양에 따라 선택을 하되 신선한 것을 선택한다.

술잔은 기존의 막걸리 잔이 아닌 유리잔으로 분위기를 살린다.

술 이름은 본인의 취양에 따라 술과 어울리게 지으면 재미있다.

복분자 막걸리 칵테일
준비 : 복분자 원액 50㎖, 전통 막걸리 130㎖, 탄산소다 10㎖
재료를 혼합통에 넣고 6~7회 흔들어 준다.
붉고 강렬한 빛과 함께 깔끔한 맛에 우아함 그 자체다.

바나나 막걸리 칵테일
준비 : 바나나액 50㎖, 레몬액 10㎖, 전통 막걸리 120㎖, 탄산소다 10㎖
재료를 혼합통에 넣고 6~7회 흔들어 준다.
노란색이 정감을 불러내고 부드러우면서 고소하다.

수박 막걸리 칵테일
준비 : 수박액 50㎖, 매실액 10㎖, 전통 막걸리 120㎖, 탄산소다 10㎖
재료를 혼합통에 넣고 6~7회 흔들어 준다.
수박의 부드러움과 함께 감미로우면서도 매혹적인 맛을 선사한다.

키위 막걸리 칵테일
준비 : 키위액 40㎖, 오렌지액 10㎖, 전통 막걸리 130㎖, 탄산소다 10㎖
재료를 혼합통에 넣고 6~7회 흔들어 준다.
키위의 달콤 세콤한 맛에 부드러운 오렌지 맛이 큰 기쁨을 선사한다.

포도 막걸리 칵테일
준비 : 포도액 50㎖, 전통 막걸리 130㎖, 탄산소다 10㎖
재료를 혼합통에 넣고 6~7회 흔들어 준다.
보랏빛의 강렬한 빛과 함께 포도의 달콤한 맛과 향이 전통주와 어울려 입가에 퍼진다.

몸에 좋은 막걸리

최근의 막걸리 열풍은 막걸리가 가지고 있는 유효성분 때문이기도 하다. 막걸리에는 우리 몸에 좋은 많은 영양소가 골고루 섞여 있어 소주를 마시면 위가 상할 수 있으나 막걸리는 오히려 위를 보호해 줄 수 있는 술이기 때문이다. 그 외에 막걸리가 혈당을 낮춰 준다든지, 혈액순환에 도움이 된다든지, 심지어는 암 유발을 억제한다든지 하는 연구결과가 속속들이 밝혀지고 있어 매우 고무적이라고 할 수 있다.

쌀 막걸리 성분 분석표 (단위 : g)

분석항목	알코올	단백질	지방	탄수화물	섬유질	회분灰分	아미노산	수용성 당	PH	산도(총산)	열량
분석치	6.4%	1.75	0.26	5.3	0.13	0.17	0.034	0.52	4.02	0.384%	63.9kcal

출처 : 서울탁주제조협회

각종 술의 영양비교 분석

구분	알코올 도수	물	단백질	탄수화물	기타
막걸리	6.0~8.0도	80%	2.0%	0.8%	비타민B군, 칼슘, 10종 필수아미노산 등 10%
맥주	4.2~6.9도	90%	0.3%	4%	칼슘, 철분, 비타민B군 등 총 1%
와인	7.0~15도	85%	0.2%	1~4%	비타민 B군, 필수아미노산 등 1~5%
소주	16.9~25도	99%	영양소 거의 없음.		
위스키	35~45도	99%	영양소 거의 없음.		

자료참조 : 2009년 05월 26일자 조선일보

1. 풍부한 유산균

생 막걸리에 풍부하게 들어있는 유산균은 막걸리만이 가지고 있는 특징이다. 유산균은 장에서 활동하면서 pH농도를 떨어트려 잡균 활동을 억제해 주는 우리 몸에 없어서는 안 되는 필수 미생물이다. 이러한 유산균이 생 막걸리에는 풍부한데 소주와 같은 증류주나 살균처리된 맥주 또는 와인에서는 찾아 볼 수 없다는데 막걸리의 우월성이 있다.

이러한 유산균이 막걸리에 들어있는 양은 편차는 있으나 연구결과 막걸리 한 병에는 700억~800억개의 유산균이 들어 있는 셈인데 이는 일반 요구르트 65㎖(1㎖ 당 약 천만마리 유산균 함유)와 비교해 볼 때 일반요구르트의 100~120 정도와 맞먹을 정도로 많은 양을 마시게 된다고 볼 수 있다.(참고자료 : 2009년 05월 26일자 조선일보)

물론 유산균이 위장을 통과하면서 상당량이 위산에 의해 죽지만 더러는 살아서 번식을 하면서 장에 유익한 작용을 하기 때문에 가능한 많이 먹는 것이 중요한데, 그렇다고 매일 취해 있으면 곤란하다.

2. 살아있는 효모

생 막걸리에는 효모가 살아있다. 효모는 포도당을 알코올로 변화시켜주는 중요한 미생물로 그 자체가 양질의 단백질과 미네랄 그리고 식이섬유로 구성되어 있으며, 비타민 등 인체에 유효한 성분으로 구성되어 있다.

여기서 중요한 것은 살아있는 효모는 맑은 술보다는 탁한 막걸리, 더 나아가 술지게미에 많이 들어 있다는 사실이다. 이를 다른 말로 설명하면 청주보다는 막걸리가 더 우리 몸에 좋다는 것인데 옛날 우리네 양반들은 청주를 마셨고 서민들은 막걸리를 즐겨 마셨다는 것을 생각하면 서민들의 부족한 영양분을 막걸리가 채워준 셈이라 할 수 있다.

3. 효소의 역할

막걸리에는 효소도 있고 효소를 분비하는 미생물도 있다. 이러한 효소는 우리 몸에서 어떠한 역할을 할까? 효소는 전분을 분해하여 포도당을 만들거나 단백질을 분해하여 아미노산을 만드는 역할을 수행하기도 하고 우리 몸의 노폐물을 분해하여 배출하는 역할도 수행한다. 이렇게 막걸리에는 다량의 효소가 함유되어 있기 때문에 막걸리를 마신다는 것은 우리 몸을 깨끗이 청소하여 신진대사를 원활하게 해주는 작업의 하나라고도 볼 수 있다.

4. 열량이 낮아 다이어트에 좋다

각종 술들의 열량비교 (단위 : 100ml 당)

구분	막걸리	맥주	포도주	소주	위스키
열량(kcal)	46	37	70	141	250

농촌진흥청 농촌자원개발연구소 "식품성분표 7개정판"

막걸리는 열량이 맥주보다는 높으나 포도주, 소주, 위스키보다 열량이 낮은 술이면서도 다른 술에는 없는 단백질, 유산균, 효소, 효모, 식이섬유, 비타민B와 이노사톨, 콜린 등 B복합체를 모두 가지고 있는 등 많은 영양소가 골고루 들어 있어 다이어트가 가능하다는 말이 나온다. 또한 성인이 하루에 필요한 열량 2,500kcal를 감안할 때 막걸리 한 병 750ml의 열량이 400kcal 정도니 안주를 더해 막걸리 한

병 마셔도 저녁 식사 한 끼로도 손색이 없다고 볼 수 있다. 내가 아는 선배는 저녁식사를 안주와 막걸리 한 병으로 때우고 있다고 하여 웃은 적이 있는데 바로 이 경우에 해당된다고 할 수 있다. 그렇다고 다이어트 한다며 매일 막걸리 한 병씩 마시면 알코올에 중독될 수 있으니 주의할 일이다.

5. 단백질 함량이 높다

각종 술의 단백질 함량비교 (단위 : %)

구분	막걸리	와인	맥주	소주	우유
함량	2.0	0.2	0.3	0	3

자료참조 : 2009년 05월 26일자 조선일보

막걸리에 들어 있는 단백질이 우유와 비교해도 결코 뒤지지 않을 정도로 많은 양을 가지고 있음을 알 수 있다. 이러한 단백질이 백국균, 흑국균 등 곰팡이가 분비하는 효소에 의해 우리 몸에 유익한 아미노산으로 분해된다. 막걸리에 들어 있는 아미노산은 메티오닌, 이소류신 등 10가지나 되는데 이들이 우리 몸의 지방 축적을 방지하고 바이러스를 막아주는 등 면역력을 높이는 데 큰 역할을 한다고 한다.

막걸리에 있는 단백질이 우리 인체에서 어떠한 역할을 하는지에 대한 연구논문《막걸리가 인체에 미치는 영향》(고려대학부설 한국영양문제연구소 주진순·유태종 교수)에 의하면 일반적으로 술은 독할수록 간에 부담을 주며 혈당치가 떨어져 혼수상태에 빠지고 고혈압 등 성인병을 유발시키는 것으로 알려져 있으나 막걸리에는 일반 주류와는 달리 상당량의 단백질과 당질, 콜린, 비타민B_2 등이 함유되어 있고 이중 단백질과 당질은 술을 마심으로서 일어나는 혈당의 감소 현상을 막아주고 비타민B$_2$와 콜린은 간의 부담을 덜어 주어 알콜성 간경화증이나 영양실조를 예방할 수 있다. 이와 같이 막걸리에 있는 단백질이 술을 마시는 사람의 건강을 보조해준다는 의미에서 의의가 크다.

그러나 술 빚는 사람의 입장에서는 단백질이 많은 술이 주질에 있어서는 그다지 좋은 술이라고 할 수는 없다. 맛이 깔끔하지 않고 시간이 경과됨에 따라 간장 냄새가 나기도 하는 등 맛에 있어서는 그리 좋은 결과를 주지 못한다. 그래서 술을 빚을 때 도정을 많이 한 쌀을 이용해 술을 빚고자 하는 것이 바로 쌀에 있는 단백질 및 지방 성분을 가능한 많이 제거하기 위해서다.

6. 막걸리로 암을 예방한다

최근 막걸리에 관한 연구가 학계에서 많이 진행되면서 유익한 논문들이 발표되고 있어 매우 고무적이라 할 수 있다. 그 중 몇가지를 보면 2008년 한국식품영양과학회에 발표된 논문에 따르면 연구팀이 농축시킨 막걸리를 유방암, 간암, 대장암, 피부암 세포에 주입한 결과 암 세포 성장억제 효과가 있는 것으로 나타났다고 논문을 발표한 바 있으며, 한경대 생명공학부 이학교 교수는 "막걸리는 효모 등이 장 속에서 발효돼 유해 세균을 억제하고 유익한 세균을 활성화시켜 면역력을 높이는 효과를 기대할 수 있다"고 2009년 05월 26일자 조선일보 기사에 보도 된 바 있다.

2008년에 발표된 《막걸리 분획물에 의한 암세포 성장 억제 및 Quinone Reductase 활성화 증가 효과》(한국식품영양과학회 신미옥외 3인) 에서 막걸리 농축액을 핵산, 메탄올, 부탄올 및 물로 순차적으로 나누어 각각의 분획별로 암세포에 대한 성장억제 효과와 암 세포 예방지표인 Quinone Reductase 활성화 효과를 측정하였더니 메탄올 분획물의 경우, 낮은 농도의 시료를 첨가했음에도 높은 암세포 성장 억제 효과를 나타냈다고 보고하고 있다.

7. 막걸리의 심질환, 고혈압 그리고 당뇨에 효능입증

막걸리가 암을 예방한다는 논문 이외에 심질환 및 고혈압에 좋다는 흥미로운 논문도 있다. 신라대 식품영양학과 배송자 교수팀은《막걸리 농축액이 흰쥐의 혈중 지질 및 효소 활성에 미치는 영향》(2001년 한국생명과학회 김미향 · 김원희 · 배송자)에서 실험 쥐 42마리를 두 그룹으로 나눠 한 쪽은 막걸리 농축액을 투여하고, 다른 쪽은 같은 양의 생리 식염수를 투여했다. 시간대별로 혈중 중성지방과 콜레스테롤 수치를 조사한 결과 막걸리 농축액을 투여한 그룹에서 중성지방과 콜레스테롤 수치가 낮아졌다는 것을 밝혀냈다.

배 교수에 따르면 "알코올을 많이 섭취하면 혈중 중성지방과 콜레스테롤 수치가 높아져 동맥경화증, 고혈압 등의 심혈관 질환 위험이 높아지는 것으로 알려져 있는데 막걸리는 정반대로 나왔다"며 "막걸리 발효 성분들이 알코올의 작용을 억제하고 약리효과를 내는 것으로 보인다"고 언급한 바 있다.

또 배 교수팀의 다른 연구에 따르면 막걸리를 거르고 남은 찌꺼기(지게미)에는 고혈압 치료제와 비슷한 정도로 혈압을 낮추는 물질인 펩타이드가 함유돼 있는 것을 규명하였다고 발표 하였다. 고혈압 치료제의 혈압 강하 효과를 90으로 할 때 막걸리 지게미의 효과는 80쯤 된다는 것이다.

이와 달리《탁주 주박의 섭취가 스트렙토조토신으로 당뇨를 유발시킨 흰쥐의 혈당수준에 미치는 효과》(2006년 한국식생활문화학회 김순미·조우균)에서 당뇨가 있는 흰쥐에 막걸리를 투입하였더니 혈당이 떨어지는 현상을 발견하였다는 연구논문도 있다. 다양한 막걸리의 효능에 관한 연구는 이제부터 시작이다.

· 04 ·
청주편

삼양주 이야기

일반적으로 누룩에 있는 미생물인 곰팡이와 효모는 그 수가 적어 많은 양의 전분을 당화시키고 알코올을 생성하는데 한계를 나타낸다. 특히 겨울철과 같이 날씨가 추울 때는 활동성이 떨어져 술을 빚는데 많은 어려움이 있다. 이러한 문제를 해결하기 위해 우리 조상들은 1단, 2단, 3단 빚음을 여러 번 반복하면서 소량의 미생물을 대량으로 증식시켜 안정적으로 술을 빚어 왔다.

단양주 빚기는 간편한 방법이기는 하나 술을 빚을 때 미생물의 개체수가 적은 누룩에만 의존해야 하기 때문에 맛과 향에 있어서 깊이 있는 술을 만들기가 어렵고 알코올 도수가 낮아 신 술이 만들어지기 쉽다. 반면에 삼양주는 여러 번 빚음을 통해 미생물의 배양을 극대화시키며 술을 빚기 때문에 알코올 도수가 높은 깊이 있는 술을 빚을 수 있다. 또 누룩을 적게 사용하므로 누룩 향도 거의 나지 않는다.

본 편에서는 삼양주 형식을 기본으로 술 빚는 방법을 소개한다. 삼양주는 막걸리 뿐만 아니라 맑은 청주도 얻을 수 있어 일석삼조의 효과를 얻을 수 있는 유용한 술 빚기이다. 본 편에서 삼양주 빚기를 중점적으로 소개하는 이유도 바로 여기에 있다.

미생물 배양을 이용하는 삼양주 형식의 술 빚기는 전통적으로 술을 빚는 어느 방법보다도 술을 안정적으로 빚을 수 있고 가장 맛있는 술을 빚을 수 있는 방법이다. 이를 잘 익히면 상당히 좋은 술을 개발할 수 있음을 명심하도록 하자!

삼양주 三釀酒 함께 빚기

삼양주 빚기는 다소 번잡하다고 생각할 수 있으나 본 책의 목적은 맛있는 술을 빚는 것이다. 삼양주는 그 맛과 향이 깊고 풍부하여 가히 따라올 술이 없을 정도로 전통주의 꽃이라 할 수 있다. 독자들에게 맛있는 술 빚기 비결을 아낌없이 전수하고자 하니 힘들지만 한번 따라 만들어 보자. 실패 없이 누구나 맛있는 술을 빚을 수 있다.

맛있는 우리 술을 빚어 이웃과 함께 마시며 웃고 즐기자.

말로 백 번하는 것보다 한 번 빚어보고 그 맛을 보면 안다.

삼양주 빚기 과정

1. 한 번 빚음, 주모1(밑술)
2. 두 번 빚음, 주모2
3. 세 번 빚음, 덧술하기

밑술과 덧술

밑술(주모)

삼양주를 빚고자 하면 먼저 밑술, 즉 주모를 만들어야 한다. 단양주의 경우에는 주모 없이 바로 고두밥으로 술을 빚지만 이양주부터는 밑술이 있어야 덧술을 하여 술을 빚을 수 있다.

덧술을 하기 전의 술을 밑술이라고 한다. 통상 밑술과 주모는 같은 용어로 사용되나 엄밀히 말하면 개념자체가 다르다. 밑술은 덧술을 담그기 전의 술을 칭하나 주모는 누룩에 있는 소량의 미생물을 대량으로 증식시킨 것을 말한다. 그러나 미생물을 대량으로 증식시켜 만든 주모를 밑술로 사용하여 추가로 덧술을 하게 되므로 밑술과 주모가 같은 용어로 사용되고 있기도 하다.

주모의 목적은 소량의 미생물을 대량으로 증식시키는 것이기 때문에 일종의 발효제와 같은 것으로 주모의 상태에 따라 술덧(쌀가루와 물 그리고 누룩을 함께 섞어 놓은 것)의 당화와 발효 그리고 술의 품질에도 크게 영향을 미치게 된다. 주모酒母라 표현한 것으로 보아도 그 중요성을 능히 짐작할 수 있겠다.

덧술

덧술은 밑술에다 한 겹 더 위에 술을 덮어 빚는다는 뜻이다. 즉, 처음 담근 술 밑술이라 하고 나중에 밑술에 보태는 술을 덧술이라고 한다. 보통 덧술은 고두밥을 쪄서 식힌 후 앞서 담근 밑술과 혼합하여 발효통에 넣어 두게 된다.

덧술의 목적은 첫째로 많은 양의 고두밥을 투입하여 안정적으로 술 양을 늘리기 위함이며, 둘째로는 알코올 도수를 올리고 마지막으로 좋은 향을 얻어 고급술을 얻기 위한 것이다.

밑술(주모) 만드는 방법

밑술은 죽, 범벅, 구멍떡, 백설기, 고두밥 등 다양한 방법으로 빚을 수 있다. 밑술의 재료 처리 방법에 따라 술맛이나 향, 알코올 도수 등이 조금씩 다른 다양한 종류의 술이 만들어진다. 이는 효소가 익힌 정도나 상태에 따라 전분을 당화시키는 속도나 당분으로 전환되는 양이 달라지기 때문에 술의 풍미가 다양해지는 것이다.

과거 가양주가 꽃피웠던 시절 우리 조상들이 한 가지 쌀을 가지고도 여러 가지 방법으로 술을 빚으면서 그 차이를 음미했다고 볼 때 조상들의 지혜에 감탄하지 않을 수 없다.

삼양주 함께 빚기

한 번 빚음, 주모1(밑술) 함께 빚기

이번 과정에서 익히게 되는 주모1은 다음 과정인 주모2 과정과 이어서 배우게 되는 덧술(고두밥 투입) 과정과 함께 한조를 이루는 삼양주의 첫 번째 과정이다. 이 과정을 잘 익혀 자기 것으로 만들게 되면 나머지 과정도 쉽고 좋은 술이 저절로 만들어지게 된다.

주모1이란 누룩에 있는 적은 미생물을 대량으로 증식시키는 과정이다. 이 과정을 통해 미생물을 대량으로 증식시켜 놓으면 술 빚기가 쉬워지고 좀 더 풍미 높은 술을 빚을 수 있다. 또한 많은 미생물을 이용해 술을 빚기 때문에 안정적으로 술을 빚을 수 있다.

〈재료〉
멥쌀 1ℓ (800g), 물 2.5ℓ, 누룩 400g

〈도구〉
양푼, 주걱, 주전자(쌀가루에 물 부을 때 편리) 등, 발효통(항아리 등 10ℓ)

〈준비하기〉
범벅만들기 준비
쌀가루 내기
  멥쌀 800g을 10분간 씻어 물에 3시간 담가 놓았다가 물을 30분 간 빼고 곱게 가루낸다.
누룩 준비하기
  법제한 누룩을 곱게 빻아 놓는다.

쌀가루 낼 때 소금은 금물
시중 방앗간에 가서 쌀을 빻을 때 주의할 것은 소금을 넣지 말아야 하는 것이다. 방앗간에서는 떡을 만들 때 일정분의 소금을 넣는 습관이 있기 때문에 쌀을 빻을 때 절대 소금을 넣지 말라고 주의를 줘야 한다. 소금은 미생물이 증식하는데 방해가 될 뿐만 아니라 죽일 수도 있으니 상당히 주의해야 한다.

범벅 만들 때 주전자 이용하기
주전자는 항상 렌지에 올려 물을 끓여가며 부어주어야 쌀가루를 익힐 수 있다.
물을 부어줄 때 찔끔찔끔 부어주면 물이 금방 식어 쌀가루를 익힐 수 없다.

함께 빚기

1. 범벅 만들기

주전자에 물 2.5ℓ을 끓인다. 쌀가루를 양푼에 3등분 해두고 끓는 물을 1/3씩 부으며 주걱으로 범벅을 만든다.

주걱으로 덩어리가 없도록 잘 풀어주며 골고루 익도록 해준다.

완성된 범벅은 25℃까지 식힌다. 큰 양푼이나 싱크대에 찬물을 담고 그 안에 범벅 담은 양푼을 놓아 식히면 빨리 식힐 수 있다.

2. 누룩과 범벅 혼합하기

식힌 범벅에 빻아놓은 누룩 400g을 넣고 손으로 혼합을 해준다. 혼합을 해 줄 때는 범벅과 누룩이 하나가 되도록 손으로 잘 주물러 주면서 범벅이 마치 묽은 죽이 될 때까지 여러 번 치대 준다.
(30분 이상)

3. 발효시키기

술덧을 발효통에 넣고 효모가 좋아하는 25℃에서 발효시킨다.

4. 주모2 만들기

발효통에 앉힌 후 24시간이 지났을 때 발효통 내부를 확인하고 이상이 없으면 36~48시간 내에 주모2를 만든다.

주모1 덧술 시기

36~48시간 내에 주모2를 만드는데 최초 술 빚고 24시간은 기다려야 한다. 처음 술을 빚으면 누룩에 있는 효소가 당을 제때 만들지 못하고, 효모 역시 잠복기를 거쳐야 증식을 하기 때문에 활발하게 발효가 진행되지 못한 상태여서 약간의 시간을 두고 덧술을 해야 한다.

주모1 표면이 떡처럼 되어 있는 경우
주모1을 만들다 보면 덧술 할 시기에 술덧 표면을 보면 떡처럼 되어 있는 경우가 있다. 그 이유는 범벅이나 죽이 덜 익었을 때 발생하거나, 누룩양이 적을 때 위 표면에 당화가 진행되기 전에 수분이 말라 굳어진 것이다.
이럴 때는 주모1을 거름망을 이용해 한 번 걸러주거나 무시하고 주모2를 만들어 미생물 배양을 하면 괜찮아진다.

주모1 36시간 후 모습

물 양에 따른 덧술 시기?
물 양에 따라 덧술 시기가 각각 다르다. 물 양이 적을수록 덧술 시기는 늦출 수 있고 반대로 많을수록 덧술 시기를 앞당겨야 안정적으로 술을 빚을 수 있다. 반드시 술을 빚고 24시간에는 한번쯤 술덧을 열어보고 주모의 모양을 보고 향, 맛 소리를 들어 상태를 확인하여야 신맛이 강하지 않은 술을 빚을 수 있다.

덧술 시기, 오감으로 확인하기

눈   술덧이 이산화탄소에 의해 한번 크게 올랐다가 가라앉은 자국이 발효통에 남아 있다. 탄산가스의 기포가 약하게 터지고 있다.
밀기울(누룩 찌꺼기)이 둥둥 떠다닌다. 밀기울에 붙어 있던 전분이 당화과정에 의해 당으로 변해 액체화되었기 때문에 밀기울이 둥둥 표면에 떠다니게 된다.(주모2에서 이런 현상이 일어난다.)
누룩에 당화력이 약할 경우에는 표면이 잘 끓지 않고 두껍게 층이 형성될 수 있다. 이럴 때는 시간을 두고 관찰하되 큰 이상이 없으면 48시간에 주모2를 진행한다.(주모1에서 이런 현상이 많이 일어난다.)

귀   '솨…'하는 기포가 터지는 소리가 들리다 어느 순간인가 점점 소리가 잦아들어 간다.

코   코를 발효통에 대면 코를 찌를 것 같은 아주 독한 자극이 발생하는데 발효가 진행되면서 알코올과 탄산가스가 배출되기 때문이다.

혀   맛을 보면 달면서도 시큼털털하고 알코올 맛이 조금 난다.
단맛은 이미 당화가 진행되고 있다는 증거고 시큼털털한 것은 젖산균에 의한 시큼한 것이다. 그리고 미약하나마 알코올기가 조금 나는 것은 이미 당이 알코올로 변하고 있다는 증거이다.

느낌   때로는 표면에 떡처럼 굳어져 있어 보이는 경우도 있다. 누룩의 당화력이 약해 범벅의 윗 표면이 굳어 생기는 현상으로 주모2를 하면 괜찮아진다.

술의 상태가 위와 같으면 주모 빚은 지 24시간이라도 덧술을 해줘야 한다.
그러나 그렇지 않고 시간이 좀 필요하면 36~48시간 후에 주모2를 진행한다.
이도 저도 잘 모르겠고 감도 오지 않으면 주모1을 빚은 지 48시간 내에 주모2를 한다.(죽으로 빚은 주모1은 24시간 내에 덧술을 한다.)

삼양주 함께 빚기

두 번 빚음, 주모2 함께 빚기

앞에서 만들어 놓은 주모1을 이용하여 새로운 주모를 만드는 것이다. 앞서 만들어 놓은 주모는 밑술이라 볼 수 있고 이번에 만드는 주모는 덧술이라 보면 된다.

주모1을 기반으로 곡물을 투입하고 한 번 더 배양하여 미생물을 증식시키는 것이기 때문에 별도로 누룩은 필요없다.

물론 주모1에서 끝마치고 바로 고두밥을 투입하여 이양주로 빚을 수도 있다. 그러나 이양주에 만족하지 않고 한 번 더 미생물을 배양함으로써 더 깊고 풍부한 맛과 오묘한 향이 우러나는 좋은 술을 빚고자 하는 것이다.

*범벅을 잘하는 요령

주모1과 주모2는 모두 범벅으로 술을 빚는다. 범벅을 제대로 만들지 않으면 술 빚기에 실패할 수 있어 범벅 만드는 것은 상당히 중요하다. 다음 사항을 잘 지키면 범벅 만들기에 실패하지 않을 것이다.

1. 범벅은 반생반숙半生半熟으로 반은 비록 설었지만 반은 익힌 것을 뜻한다. 즉, 적어도 반은 익혀야 한다. 그래야 누룩에 있는 효소가 전분을 분해할 수 있다.

2. 적어도 반을 익히기 위해서는 주전자에 물은 항상 불에서 끓고 있어야 한다. 이 말은 쌀가루에 물을 1/3씩 붓고 주전자는 이내 불에다 놓고 남은 물을 끓여야 한다는 뜻이다.

3. 양푼의 쌀가루를 3등분하였다면 물도 3등분이 되도록 충분히 물을 붓고 주걱으로 각 등분마다 혼합해 주어야 한다. 찔끔찔끔 물을 부으면 물이 금방 식어 쌀가루를 익힐 수 없다.

4. 3등분의 쌀가루를 주걱으로 잘 혼합해 주었으면 전체적으로 원을 그리며 주걱으로 혼합해 주면서 뭉쳐져 있는 쌀가루를 풀어 주어야 한다. (뭉친 쌀가루의 안은 생 가루이므로 빨리 풀어 익혀야 한다.)

5. 전체적으로 혼합이 되었으면 찬물을 받아 둔 싱크대 등에 양푼을 놓고 25℃가 될 때까지 식힌다.

〈재료〉
멥쌀 1ℓ (800g), 물 2.5ℓ, 주모1

〈도구〉
양푼, 주걱, 주전자 등, 발효통 (항아리 등 15ℓ)

〈준비하기〉
범벅 만들기 준비
쌀가루 내기
  멥쌀 800g을 10분간 씻어 3시간 물에 담갔다가 30분간 물을 뺀다.
  방아로 가루를 만든 다음 체를 이용하여 곱게 내린다.

미생물이 많이 증식 된다는 것은?
그 만큼 효소와 효모가 증가된다는 것과 같다. 미생물이 많을 수록 발효력과 당화력이 높아진다.

왜 전분이 당으로 빨리 변해야 하나?
전분이 당으로 빨리 많이 변해야 당이 알코올로 빨리 많이 변할 수 있어 (알코올 도수 10°이상) 초산으로부터 벗어나 독하면서 향이 깊은 술이 빚어 질 수 있다. 초산균은 알코올을 이용하여 초산 발효를 일으키는데 그 때 알코올 도수는 6~10°이므로 이를 빨리 넘겨야 초산으로부터 벗어날 수 있다.

함께 빚기

1. *범벅 만들기

끓는 물을 쌀가루에 부어가며 범벅을 만든다.

2. 범벅 식히기

멍울을 잘 풀어주고 25℃가 될 때까지 식힌다.

3. 주모1 밀기울 제거하기

식혀 놓은 범벅에 만들어 놓은 주모1의 밀기울을 제거한다.

밀기울(누룩 찌꺼기) 제거하기
누룩 향을 제거하기 위해 주모2를 할 때 밑술을 그냥 넣는 것보다 한번 거름망을 이용하여 걸러주어 누룩에 있는 밀기울을 제거해준다.

4. 주모1과 범벅 혼합하기

두 손으로 밑술에 있는 효소가 전분을 잘 분해할 수 있도록 잘 혼합해 준다. 주모의 색이 범벅에 전체적으로 물들면서 거의 죽처럼 될 때까지 혼합해 주면 좋다.(30분 이상)

발효통에 술덧을 앉히고 25℃에서 발효를 한다.

5. 발효시키기

발효통에 앉힌 후 12시간이 지나면 발효통의 내부를 확인하고 이상이 없으면 24~36시간 내에 덧술을 한다.

주모2 덧술 시기

25℃에서 24~36시간 내에 덧술을 한다.

12시간 내에 반드시 술덧 상태를 확인하자. 비록 24시간 내 덧술하라고 했지만 이는 일반적인 경우이고 누룩 내 미생물에 따라 다르다. 어느 경우는 미생물이 더 활발하여 술독이 넘치기도 하면서 발효 속도가 엄청나게 빠르게 진행되는 경우가 있고 또 다른 경우는 발효가 상당히 늦게 진행되는 경우도 있다.

따라서 꼭 24시간 내에 덧술을 하려고 하지 말고 12시간 내에 술덧의 상태를 확인해 보는 것이 중요하다. 술덧 상태는 주모1과 같다.

p.127 오감으로 덧술 시기 확인하기 참고

덧술 시기 빨라지는 이유

주모2는 36~48시간내, 덧술은 24시간내에 하도록하여 시간을 앞당겼다. 미생물이 그만큼 많이 배양이 되어 왕성하게 먹이를 먹어 치우기 때문에 미생물을 굶겨 사멸시키지 않기 위해 시간을 앞당겨 덧술을 해주는 것이다. 덧술 시기를 놓칠 경우 미생물이 더 이상의 양분 공급을 받지 못해 사멸할 수 있다. 그러면 술이 시어지게 되는 것이다.

신 맛이 날 경우

만일 맛을 보았을 때 신맛이 아주 강하게 나고, 탄산가스 분출도 시원하지 않고 잠잠하다면 아직 덧술할 시기가 아니고 무엇인가 술덧에 문제가 있는 것이다. 젖산균에 의해 약간의 신맛은 생길 수 있다. 그러나 신맛이 아주 강하다면 이미 초산균에 의해 산패되고 있다는 것으로 더 이상의 덧술은 무의미하고 오히려 식초를 만드는 것이 득이 될 수 있다. 원인은 여러 가지가 있을 것이다. 발효력이 떨어져 생기는 산패는 누룩에 문제가 있거나 온도관리에 실패한 경우도 생각해 볼 수 있고 덧술 시기를 놓쳐서 미생물이 사멸된 경우도 고려해 볼 수도 있다. 하나하나 되씹어 보면서 원인을 알아보고 나중에 또다시 같은 오류가 생기지 않도록 하는 것이 중요하다.

신술을 회복시킬 수 있나!

참 어려운 이야기다. 신맛의 정도가 어느 정도냐에 따라 다를 수 있겠으나 필자의 경험으로는 잘 회복이 안 되었다. 한번은 술이 매우 시길래 알칼리성인 팥을 삶아 넣어 주고 다량의 계란껍질도 함께 넣어 주고 또 고두밥과 누룩을 추가로 넣어 주기도 했으나 좀처럼 회복이 잘 되지 않아 포기하고 말았는데 가장 중요한 것은 신 술을 만들지 않는 것이다.

고두밥을 넣어주는 시기 이해돕기

이양주 및 삼양주에서 고두밥을 투입하는 시기는 아주 중요하다. 통상적으로 고두밥은 발효과정에서 증식기에서 정지기로 접어 드는 순간에 투입한다.

1. 누룩찌꺼기(밀기울)가 뜨는 이유는?

누룩에 있는 곡물이 당화과정을 거쳐 물과 같은 당으로 변해 누룩찌꺼기가 위에 뜨는 것이다. 이는 당화과정이 종료된 것으로 이 때 추가로 고두밥을 투입 대량의 당을 넣어 주어야 한다.

2. 이산화탄소가 줄어든다는 것은?

발효가 일어날 때에는 이산화탄소와 알코올이 동시에 생성되고 증식기에 많이 일어난다. 그러다 정지기에 가까이 올수록 알코올과 탄산가스의 생성이 줄어들게 된다. 따라서 이산화탄소의 양이나 소리가 줄었다는 것은 발효작용이 거의 끝나 당이 알코올로 많이 변했다는 것을 의미한다. 즉, 당이 줄어들었다는 것은 그만큼 알코올이 많이 생성된 것이다.

3. 사멸기보다 증식기에 투입하는 것이 득?

고두밥 투입 시기는 증식기에 하는 것이 정지기 후반에 하는 것보다 안정적이다. 정지기 후반 또는 사멸기는 고두밥 투입 시기를 놓쳐 효모가 죽기 시작하는 시기로 이 때 고두밥을 넣어 주어도 줄어든 효모가 고두밥을 알코올로 변화시키기에는 역부족일 수 있다. 이것은 늦는 것보다 좀 더 빠른 것이 낫다는 말이고 올바른 투입 시기는 증식기와 정지기 tk이이다.

4. 24시간 내에 덧술한다

이도 저도 잘 모를 경우에는 밑술을 만든 시간으로부터 24시간내에 덧술을 해 주면 된다. 이 때 24~36시간은 초과하는 것은 좋지 않다. 이는 미생물이 대량으로 배양되어 투입된 곡물을 빨리 분해시키기 때문에 곡물을 제때 투입해 주지 않으면 미생물인 효모는 사멸의 길로 접어든다.

그리고 12시간째에 반드시 발효통 내부를 살펴보아 상태를 점검해 보는 것도 중요하다. 왜냐하면 밑술의 양은 적은 양이지만 덧술의 양은 많기 때문에 많은 양을 투입하는데 밑술의 상태가 좋지 않다면 덧술을 빚고 나서 큰 낭패를 볼 수 있기 때문이다.

즉, 12시간이 되어 발효통 내부를 보니 활발하게 끓었다가 이내 잠잠해졌는지 기포가 조금씩 터지고 있는 중이고 맛과 향을 보니 알코올을 약간 느낄 수 있고 텁텁하고 시큼하면서 단맛이 있으면 덧술을 해도 무방하겠으나, 신맛이 아주 강하고 향이 좋지 않으면 덧술을 재고하는 것이 좋다. 신맛이 강한 술은 이미 어떠한 이유든 초산 발효가 일어나고 있다는 것으로 나중에 고치기 참으로 어렵다.

또 밑술의 상태를 살펴보았더니 술 표면에 떡처럼 딱딱한 껍데기가 떠있는 경우가 있다. 이것은 밑술의 곡식이 익지 않은 것을 넣은 경우 또는 누룩 양이 적을 경우 일어나는 현상으로 다시 덧술을 해주고 거름망을 이용해 걸러주면 괜찮아진다.

삼양주 함께 빚기

세 번 빚음, 덧술 하기

삼양주에 있어서 마지막 단계로 만들어 놓은 주모2에 덧술로 고두밥을 투입하여 술을 완성한다.

고두밥을 투입하는 이유는 대량으로 당을 투입하여 다량의 알코올을 생성하기 위해서이다. 주모의 목적이 미생물 배양에 있었다면 고두밥을 투입하는 것은 많은 알코올 생성하는데 있다.

주모1, 주모2를 통해 미생물을 대량 증식한 다음 이러한 미생물에다 대량의 당 즉, 고두밥을 투입하면 빠르게 효소가 전분조직을 분해하며 당으로 전환시키고 당은 효모에 의해 알코올로 대량 변하게 된다. 이러한 변화는 고두밥 투입 후 약 10시간이 지나면서부터 본격적으로 술덧의 당화와 동시에 알코올 발효가 진행되기 시작한다.

〈재료〉
찹쌀 5ℓ

〈도구〉
찜기, 양푼, 주걱, 발효통(항아리 등 20ℓ)

함께 빚기

1. 고두밥 만들기

2. 주모2 준비하기

씻어 놓은 쌀을 찜기 등에 올려 놓고 40분 찌고 10분간 뜸 들인 후 식힌다. p. 83 고두밥 만들기 참고

3. 주모2와 고두밥 혼합하기

4. 발효시키기

덩어리 진 고두밥에 주모2를 섞어 풀어주면서 두 손을 이용하여 잘 주물러 준다. 많이 주물러 줄수록 찌는 과정에서 생긴 쌀알의 미세한 크랙 사이로 효소가 잘 침투하여 조직 내에 있는 전분을 분해하고 포도당을 생성, 배출하는 등 당화가 빨리 진행될 수 있다.

혼합 강조

밑술인 주모2를 고두밥과 혼합하는데 주모2가 고두밥에 잘 섞이도록 혼합을 해줘야 한다. 만일 혼합이 잘 되지 않을 경우 당화가 일어나지 않아 알코올이 생성되지 않을 뿐만 아니라 잡균에 오염될 수 있다.
그러나 혼합할 때는 고두밥이 깨지지 않도록 주의할 필요가 있다. 왜냐하면 고두밥이 깨지면 주질에 좋지 않은 영향을 주는 지방, 단백질 등이 그대로 용출되어 술맛을 해칠 수가 있기 때문이다.

술덧을 발효통에 넣고 25℃에서 48시간 발효시킨다.

덧술을 담그고 48시간 경과 후 한 번 발효통을 열어보고 오염상태를 확인하고 오염이 없고 술이 잘 되고 있으면 그대로 발효를 진행하고 술이 위에 맑게 고이면 사용한다.

덧술 후 진행되는 상태

고두밥을 투입하면 주모2에 있는 액체들을 고두밥이 흡수를 하여 아주 빽빽한 상태가 된다.

24시간이 되면 발효가 시작되는데 처음 25℃에서 시작한 발효통 내 온도가 상승하여 28~30℃를 가리킬 정도로 높아진다. 발효통 내 술덧이 한번 크게 올라갔다 가라앉게 되고 탄산가스 올라오는 소리가 요란하게 나타난다

이러한 상태가 5~7일 동안 지속된 다음 서서히 품온도 떨어지고 탄산가스의 분출도 잦아들게 된다. 그러나 술덧을 보면 고두밥이 팽배하게 보이는 것은 마찬가지이다. 고두밥이 팽배하게 보이는 것은 윗막지 현상이 일어나기 때문이다. 즉, 유리병에 술을 빚어 보면 맨 위 표면에는 고두밥이 떠있고 술이 된 알코올은 가운데 모여들고 삭은 밥알들은 맨 밑에 가라앉는 *3중 구조가 나타나는 것을 볼 수 있다. 이 때 저어주어 보면 가운데 부분에서 술이 올라오는 것을 느낄 수 있다.

이러한 상태가 15~20일 진행되다 20일 이후에는 서서히 고두밥 위로 알코올이 스며들어 술이 약간 비치고 표면이 축축해 보인다. 간혹 가다 여기저기서 기포가 터지나 활발한 모습은 아니다.

이 상태가 지나면 알코올이 모두 발효통 위로 뜨고 고두밥은 전부 삭아 밑에 가라앉게 된다.

단술을 좋아 한다면 고두밥 위로 알코올이 비칠 때 용수를 박아 청주를 얻을 수 있을 것이고 만일 쓰고 드라이한 술을 원한다면 완전히 발효가 끝난 다음 용수를 박아 청주를 취하면 된다.

삼양주 이상의 술은 굳이 저어주지 않아도 술이 잘되나 술 표면의 산화방지와 고른 발효를 위해 10일에 한 번씩 저어주기도 한다.

*3중 구조가 된 상태

덧술 직후 상태 | 덧술 후 1일 후 상태 | 덧술 후 20일 경과

덧술 25일 경과 | 채주 7일 전 상태 | 채주 직전 상태

맑은 술 채주방법

술덧 내부에 고두밥이 모두 가라앉고 맑은 술이 떠있고 탄산가스의 기포가 거의 터지지 않고 소리도 들리지 않고 탄산가스의 톡 쏘는 자극도 거의 나지 않는다면 거의 발효가 끝난 상태다. 이때 채주하면 된다.

술을 거르는 방법은 두 가지가 있다. 하나는 전통적인 방법대로 용수를 박아 맑은 술을 떠내는 방법이고 또 하나는 거름망을 이용하여 술을 채주하는 방법이다.

용수를 박아 거르는 방법

발효통에 용수를 박아 가운데 고이는 맑은 술을 떠내 냉장고에 보관하여 숙성시키는 방법이다. 이 때 용수는 찜솥에 넣고 한번 쪄낸 다음 사용하는 것이 좋다.

거름망을 이용하여 거르는 방법

찜솥을 깨끗이 살균·소독하고 내솥 위에 거름망을 놓고 거름망에 술지게미를 넣어 손으로 짜서 거른다. 채주된 술은 유리병 등에 담아 냉장고에서 숙성시킨다. 숙성은 한 달 이상 되어야 맛이 부드러워 진다.

냉장고에서 숙성을 시키면 처음에는 술이 그리 맑지 못하고 뿌옇지만 일주일 정도 지나면 위에 맑고 깨끗한 술이 뜨고 지게미는 가라앉게 된다. 이때 맑은 술을 떠내 청주로 사용하게 되고 나머지 지게미는 물을 첨가하여 막걸리로 사용하면 된다. 이때의 청주 도수는 약 16°~18°가 된다.

삼양주 막걸리 마시는 방법
처음부터 용수를 박지 말고 거름망으로 걸러서 젖내기(알코올 도수 약 16~18도) 술로 마시면 훌륭한 맛을 가진 삼양주 막걸리가 된다. 이것은 시중에서는 도저히 맛을 볼 수 없는 자신만의 술 맛이 된다. 위에 뜨는 맑은 청주를 먼저 마시고 나중에 지게미에 물을 타서 막걸리로 마실 수도 있으나 전자보다 맛이 덜하다.

용수를 박아 채주하는 모습

거름망으로 채주하는 모습

불패의 술 삼양주 응용하기

1. 자기만의 술 제조

앞에서 설명한 불패의 술 삼양주 빚기는 술 빚기의 가장 기본이라고 생각하면 된다. 그냥 맛있는 술을 고문헌에 의존하지 않고 집에서 간편하게 빚을 수 있는 방법인 동시에 앞에서 설명한 것만 잘 지켜만 준다면 실패가 거의 없는 술을 빚을 수 있는 방법이다. 이를 몇 번 빚어 보고 맛을 본 다음엔 자기만의 술을 빚을 수 있을 것이다.

고문헌을 보면 처음부터 난해하여 이해가 안 되고 술 빚기도 쉽지 않다. 편하게 생각하고 불패의 술을 빚어 자신감을 가진 다음 고문헌의 술에 도전해보는 것도 좋고 또 특이한 자기만의 술을 개발해 나갈 수도 있다. 그 전에 기본에 충실할 필요가 있겠다.

2. 빚어 보자

술 이론에 너무 얽매이지 말고 그냥 빚어보는 것이다. 빚어보면서 실패 없도록 노력도 해보고 이론과 접목도 해보고 하면서 자기만의 좋은 술을 만들어 가야 한다. 너무 재면 술을 빚지 못한다.

3. 물 양 조절 (레시피 만들기)

단위 : ℓ

구분	쌀	물	누룩
주모1(밑술)	2	5	800g
주모2	2	6	
덧술	10		
합계	14	11	
비율	1	0.8	

이제는 자기 스스로 레시피를 만들어 술을 빚을 줄 알아야 한다. 술은 기호식품이기 때문에 단술을 좋아하는 사람은 달게 빚어야 하겠고 드라이한 술을 좋아 하는 사람은 드라이하게 빚어야 하겠다. 그럼 어떻게 하나? 물 양과 쌀 양으로 조절한다. 즉, 쌀:물 양을 1:1 비율로 하면 달지도 쓰지도 않는 술이, 1:0.8로 하면 단술이, 1:1.2로 하면 쓴술이 만들어 지게 된다. 자신의 취향대로 술을 빚어 보자.

여기서 주의할 것은 물 양 조절시 너무 물을 많이 넣게 되면 알코올 함량이 낮아져 자칫 초산에 오염될 수 있다. 안정적인 방법은 쌀 양에 비해 물 양을 적게하는 방법이다. 단술이 만들어지기 때문에 오염이 잘되지 않아 안정적으로 술을 빚을 수 있고 후에 가수加水를 하여 맛을 조절할 수도 있다. 그리고 풍미도 좋다. 하여튼 자신 만의 술을 만들어 보자.

4. 밑술 조절

우리는 밑술을 범벅으로 만들었으나 죽으로도 할 수 있고 백설기 또는 구멍 떡으로도 할 수 있다. 이들을 응용하여 다른 맛이 나는 술을 빚을 수 있다.

5. 누룩제조

누룩을 공장에서 제조하는 것을 사용할 수도 있으나 본인이 직접 제조한 누룩을 사용하는 것도 생각해 볼 수 있다. 이화곡 등을 제조하여 기존 누룩과 혼합하여 사용하면 누룩향이 또 다른 향을 더해 주어 이전에 맛보지 못했던 자신만의 술을 제조할 수 있다.

6. 약재, 과일 첨가

쪽, 정향, 당귀, 인삼, 쑥, 송순, 생강 등 약재를 넣거나 진달래, 국화 등 잎을 넣거나 복분자, 딸기, 포도 등 과일을 넣거나 장미, 케모마일 등 허브향을 첨가하여 술을 빚을 수 있다. 통상 약재는 밑술 때 달여서 넣고 덧술 때도 넣지만 이를 조정해 볼 수도 있을 것이다.

그리고 채주한 다음 향기로운 차류를 띄워 독특한 향을 취할 수도 있을 것이다. 또한 복분자 등 과실을 덧술시 함께 넣어 주면 뛰어난 과실주도 얻을 수 있다. 이와 같이 기본을 알고 익히면 다음엔 본인의 술을 얼마든지 응용해 나갈 수 있다.

함께 빚기

앞에서 배운 삼양주 빚기 방식을 응용하여 맛있는 술을 빚어보자.

석탄주 · 단호박주 · 홍국주 · 복분자주 · 당귀주
새앙주 · 두견주 · 삼해주 · 동정춘

일러두기
삼양주 빚기의 각 과정과 덧술 시기, 발효에 관한 자세한 사항은 앞에서 배운 내용을 참고한다.

석탄주惜呑酒 함께 빚기

석탄주惜呑酒는 말 그대로 술이 너무 맛있어 목에 넘기기 아까운 술이라는 뜻으로 1450년대 《산가요록》과 1670년대 《음식디미방》에 '황금주'라는 이름으로 소개된 술과 제조방법이 같은 술로서 이양주의 대표적인 술이다.

이양주라면 앞의 삼양주와 달리 주모1에 고두밥을 넣어 빚는 술을 말한다. 다만 주모1에서는 밑술을 빚기 위해 범벅을 했다면 이번에 우리가 살펴보는 석탄주는 밑술을 범벅대신 죽으로 하고 덧술을 고두밥을 투입하는 것이 차이다.

단양주에 비해 이양주는 한 번 더 술을 빚어 줌으로써 보다 많은 미생물로 술을 빚게 돼 안정적으로 빚을 수 있고 맛에 있어서도 한층 깊은 느낌을 주는 한 단계 높은 술이라 할 수 있다. 이양주는 술이 다 되면 채주하여 청주와 막걸리를 동시에 얻을 수 있다.

〈재료〉
밑술 : 멥쌀 1ℓ, 물 5ℓ, 누룩 400g
덧술 : 찹쌀 5ℓ

〈도구〉
솥, 양푼, 주걱, 발효통

밑술 준비
죽쑤기 준비하기
쌀가루 내기
  멥쌀 1ℓ를 깨끗이 씻어 3시간 물에 담갔다가 30분 물기를 뺀 다음 방아에 빻아서 다시 체를 이용해 곱게 내린다
누룩 곱게 빻아놓기

덧술 준비
고두밥 만들기 준비
  찹쌀 5ℓ를 깨끗이 씻고 30분간 물을 뺀다.

밑술 함께 빚기

1. 죽 쑤기

곱게 내린 쌀가루를 물 2ℓ에 풀어 놓고 나머지 3ℓ는 물을 끓인다. 처음부터 5ℓ 물에다 쌀가루를 넣고 죽을 쑤는 것보다 타는 것을 예방한다.

물이 끓으면 끓는 물에 쌀가루 물을 붓고 타지 않도록 주걱으로 한쪽 방향으로 계속 저어준다. 처음에 죽을 끓이면 기포가 솥 가장자리 부분부터 올라오면서 점점 중심부로 옮아오는데 중심부에서 기포가 끓어오를 때까지 끓이고 익었으면 5분간 불을 줄인 상태에서 뜸 들여 준 후 식힌다.

2. 누룩과 죽 혼합하기

죽을 차게 식혀 두었다가 누룩을 곱게 가루를 내어 혼합한다. 누룩이 죽과 잘 혼합이 되도록 여러 번 손으로 주물러 주어야 한다.

3. 발효시키기

잘 혼합된 술덧을 발효통에 넣고 발효를 시킨다.
술을 담은 지 12시간이 되면 한번 발효통 내부를 살펴보고 덧술 시기를 가늠해 보고 24시간 내에 덧술을 해준다.

덧술 시기를 앞당긴다

'죽'은 효소가 제일 분해하기 쉬운 상태이기 때문에 범벅보다 덧술시기를 앞당겨야 한다. 만일 덧술 시기를 잘 잡지 못하면 미생물이 굶어 사멸하게 되고 잡균 침입으로 산패현상이 나타날 수 있다. 범벅의 경우 온도가 25℃에서는 48시간 내에 덧술을 해주지만 죽은 이보다 빠른 24시간 내에 덧술을 해줘야 한다.

고문헌 상에는 "겨울이면 7일, 봄가을이면 5일, 여름에는 3일만에 덧술을 한다."라고 되어 있으나 오늘날에는 겨울에 2일, 봄가을에 1일, 여름에 12시간으로 덧술 시기를 앞당겨 하는 것이 좋되 밑술의 상태를 잘 관찰하여 덧술 시기를 잡는 것이 중요하다.

덧술 함께 빚기

1. 고두밥 만들기

막걸리편 참고

2. 고두밥과 밑술 혼합하기

고두밥과 밑술을 두 손을 이용하여 잘 주물러 준다. 많이 주물러 줄수록 찌는 과정에서 생긴 쌀알의 미세한 크랙 사이로 효소가 잘 침투하여 조직 내에 있는 전분을 분해하고 포도당을 생성, 배출하는 등 당화가 빨리 진행될 수 있다.

3. 발효시키기

술덧을 발효통에 넣고 25℃에서 발효시킨다.

4. 술덧 저어주기

7일에 한 번씩 위아래를 저어 준다.

5. 채주하기

완성되면 용수를 박아 떠내거나 거름망을 이용하여 채주한다.

밑술에서
범벅과 죽의 차이

삼양주는 범벅으로 밑술을 빚고 석탄주는 죽으로 밑술을 하고 있다. 양자의 차이는 무엇인가?

범벅은 반은 익혔지만 반은 설은 것이고(반생반숙) 죽은 완전히 익힌 것(완숙)이 큰 차이점이다. 범벅은 반이 설었기 때문에 효소가 분해하는데 죽보다 2배 정도 시간이 더 걸린다.

범벅

| 100 | 200 | 400 | 800 | 1,600 | 3200 | 6400 |

죽

| 100 | 200 | 400 | 800 |

범벅이 죽보다 분해하는데 2배 정도 더 걸리게 되면 미생물인 효모입장에서 보면 현격한 차이를 나타냄을 알 수 있다. 효모는 세대시간 2시간마다 세포분열을 하는데 기하급수적으로 한다. 그렇다면 범벅과 죽에서도 같은 결과를 나타낸다고 볼 수 있다.

상기 표에서 만일 누룩 내 효모가 100마리였다면 범벅은 최종적으로 6,400마리가 덧술의 쌀을 분해해 술을 만들게 될 것이고, 죽은 최종적으로 800마리가 덧술의 쌀을 분해해 술을 만들게 될 것이니, 범벅으로 빚는 술은 상대적으로 많은 미생물이 술을 빚게 되어 알코올 도수가 높은 술이 만들어진다. 반면, 죽은 적은 미생물로 술을 빚게 되어 알코올 도수가 낮은 술이 만들어지게 된다.

이것은 술의 유효기간과도 관계가 있다. 범벅으로 빚는 술은 알코올 도수가 높기 때문에 거의 1년 이상 숙성이 가능한데 반해 죽으로 빚는 술은 도수가 낮아 1달 정도의 유효기간을 갖는다고 보면 된다.

또한 죽은 범벅보다 효소가 전분조직을 분해하기 쉬운 상태이기 때문에 금방 분해 해 버리고 만다. 그래서 추가로 곡물이 투입되지 않는다면 효모는 굶어 사멸의 길을 걷게 되는 문제가 발생될 수 있다. 때문에 범벅보다 더 주의를 기울여 술덧을 관리해야 한다.

단호박주 함께 빚기

단호박의 달콤하고 부드러운 맛을 전통주와 접목시킨 것이 단호박주이다. 이 술은 이양주로 빚어 마지막 덧술에서 고두밥 투입시 찐 단호박을 함께 섞어 발효시키는 술로서 단호박 특유의 부드러움과 단맛이 어우러져 맛있는 술이 만들어진다.

〈재료〉
밑술 : 멥쌀 1ℓ, 물 3ℓ, 누룩 400g
덧술 : 찹쌀 2ℓ, 단호박 1.0kg

〈도구〉
발효통, 찜기, 주걱 등

〈준비하기〉
단호박을 씻어 찜기에 쪄서 체에 친다.
　단호박을 깨끗이 씻은 후 4조각으로 나눈후 내부의 씨앗을 제거하고 찜기를 이용하여 찐다. 다 쪄진 단호박의 껍질을 벗겨내고 체를 이용하여 곱게 내린다.

단호박은 언제 넣어주나?
단호박을 언제 넣느냐는 문제가 되는데 밑술에서 넣을 수 있고 덧술 할때 넣을 수도 있다. 그러나 밑술 때보다 덧술 때 넣어주는 것이 더 좋다. 밑술 때 넣어주면 탄산가스에 의해 색깔과 맛이 없어질 수 있기 때문에 덧술 때 넣는다. (고두밥과 함께 쪄줄 수도 있으나 번잡스러울 수 있다.)

밑술 함께 빚기

1. 범벅 만들기

2. 범벅과 누룩 혼합하기

3. 발효시키기

24시간이 지났을 때 발효통 내부를 확인하고 이상이 없으면 36~48시간 내에 덧술한다.

덧술 함께 빚기

2. 고두밥과 밑술 그리고 단호박 혼합하기

3. 발효시키기

밑술이 완성이 되었으면 밑술과 차게 식힌 고두밥, 그리고 체에서 내린 단호박을 섞어서 잘 혼합한다.

홍국주 紅麴酒 함께 빚기

천대 홍국주는 옛날 중국 황실에서 담아 마시던 술로서 우리나라에는 16세기에 중국에서 유입되어 동의보감에 소개될 정도로 약리작용이 강한 술로 자리매김하였다. 홍국은 중국에서는 한방제로도 사용되어 중국의 고전의약품집인 본초강목에 소화흡수 및 위의 활동을 돕고 혈액의 순환을 좋게 한다고 소개되어 있다. 최근에 연구된 바에 의하면 콜레스테롤 저하, 면역력 증강, 혈압 강하, 항암, 골밀도 강화, 항산화 작용, 혈당 강화 등의 효과 있는 것으로 알려져 있으며, 천대홍주를 빚는데 사용하는 홍국쌀은 백미를 세척·살균한 후 홍국균사체를 배양, 발효시킨 쌀이다.

〈재료〉
주모1 : 멥쌀 1ℓ, 물 2.5ℓ, 누룩 400g
주모2 : 멥쌀 1ℓ, 물 2.5ℓ
덧술 : 찹쌀 5ℓ, 홍국쌀 200g

〈도구〉
발효통, 찜기, 주걱 등

홍국쌀
홍국은 붉은 누룩이라는 뜻으로 홍국균속(Monascaceae)을 쌀에 발효시켜 만든 붉은 쌀이다. 홍국은 홍국균이 성장하면서 붉은 색소를 생산하기 때문에 붉은 쌀로 변하게 되어 홍국이라고 한다. 홍국균속은 분류학상 반자낭균과(Hemiascomycetaceae)종의 홍국균속에 속하며, 현재 약 20종의 균주로 70여 종류가 분리·동정되고 있다.

(출처 : 한스바이오 홍보물)

주모1 함께 빚기 p. 124 삼양주 함께 빚기 참고
주모2 함께 빚기 p. 128 삼양주 함께 빚기 참고

덧술 함께 빚기

1. 홍국쌀로 고두밥 만들기

물기를 뺀 쌀과 홍국쌀 200g을 혼합한다.
홍국쌀을 밑술에서 넣어 줄 수 있으나 색이 변할 수 있으므로 고두밥 찔 때 같이 찐다. 이 때 홍국쌀을 믹서로 갈아 가루로 만들어 찹쌀과 혼합한 다음 고두밥을 찌면 색이 곱게 나오고 홍국쌀의 발효에도 도움을 준다.

고두밥을 쪄 25℃ 정도로 식힌다.

2. 고두밥과 주모2 혼합하기

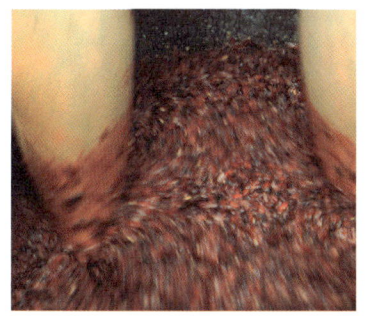

주모2가 고두밥에 완전히 물들 때까지 고루 잘 혼합해 주어야 한다. 고두밥이 깨지지 않게 혼합하는 것이 중요하다. (30분 이상)

3. 발효시키기

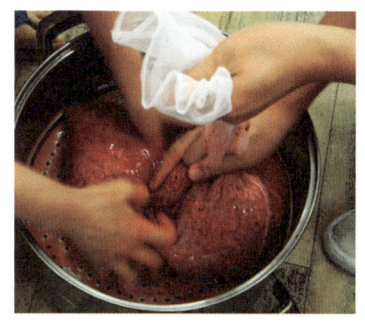

술덧을 발효통에 넣고 25℃에서 발효시킨다. 24시간 후 상태를 확인해 보고 오염이 없으면 그대로 발효를 진행한다. 10일에 한 번 위아래를 저어준다. 완성되면 용수를 박아 떠내거나 거름망을 이용하여 채주 한다.

복분자주 覆盆子酒 함께 빚기

과일을 이용한 술 빚기

삼양주를 이용하여 복분자주를 만들어 보자. 복분자는 옛부터 사람의 양기를 보충해 주는 약재로 널리 사용하던 식물인데 오늘날 대량 재배에 성공하여 사시사철 구할 수 있는 약재가 되었다. 프랑스에 포도주가 있다면 우리나라에는 복분자가 있다고 할 정도로 복분자로 빚은 술은 맛도 있지만 색이 포도주를 능가할 정도로 붉고 투명하며, 향에서 누룽지 맛이 날 정도로 우리의 전통주로 재발견할 필요성이 있는 술이다. 또한 약리작용도 높아 소변줄기에 오강단지가 넘어질 정도로 양기에 좋은 열매로 알려져 있다.

이번에는 삼양주로 빚어 보지만 나아가 오양주로 빚으면 더 투명한 술을 취할 수 있으니 누구나 좋아하는 술을 빚어 마시면 좋을 듯하다.

〈재료〉
주모1 : 멥쌀 1ℓ, 물 2ℓ, 누룩 400g
주모2 : 멥쌀 1ℓ, 물 2ℓ
덧술 : 찹쌀 6ℓ, 복분자 2kg

〈도구〉
발효통, 찜기, 주걱 등

〈준비하기〉
 냉동 복분자의 경우 술 빚기 6시간 전에 냉동 복분자를 꺼내 놓는다.
 하루 전에 냉동 복분자를 꺼내서 자연 해동 시켜야 혼합하기 좋고 온도도 적당하다.
 냉동 상태로는 혼합도 어렵고 술덧 내의 온도를 급냉 시켜 효모에 도움을 주지 못한다.

주모1 함께 빚기 p. 124 삼양주 함께 빚기 참고
주모2 함께 빚기 p. 128 삼양주 함께 빚기 참고

덧술 함께 빚기

1. 고두밥 찌기

고두밥이 다 쪄졌으면 발을 깔고 면포를 덮은 다음 고두밥을 펼쳐 식힌다.

2. 고두밥과 주모2 혼합하기

고두밥이 완전히 식었으면 주모2와 혼합한다. (30분 이상)

3. 복분자 넣고 혼합하기

고두밥과 주모2의 혼합이 잘 되었으면 분량의 복분자를 넣고 최종적으로 한 번 더 혼합을 해준다.

4. 발효시키기

술덧을 발효통에 넣고 25℃에서 발효시킨다. 24시간 후 상태를 확인하고 오염이 없으면 그대로 발효를 진행한다. 10일에 한 번 위아래를 저어준다. 완성되면 용수를 박아 떠낸다.

복분자 혼합시 주의하기
이때의 혼합은 앞의 혼합과 달리 복분자의 알갱이가 깨지지 않게 조심스럽게 뒤집어주어 고루 복분자가 섞이도록 혼합해 주기만 하면 된다. 고두밥과 복분자를 혼합할 때 알을 으깨면 술이 탁해지고 과도한 초기 물량 증가로 인해 술이 변질될 수 있다.

복분자주는 과일주이기 때문에 발효기간을 가능한 오래 잡는다. 그래야 과일 특유의 향이 살아 있고 달콤하면서 여러 가지 맛과 풍미를 즐길 수 있다. 숙성기간도 오래 잡아 2~3개월을 냉장보관하면 깊은 맛을 더해준다.

과일주 빚는 방법

전통방법으로 빚는 포도주

우리나라의 포도는 당도가 외국의 포도에 비해 떨어진다. 그래서 포도주를 빚으면 낮은 당도로 인해 발효도 잘 일어나지 않고 맛도 떨어지게 된다. 그래서 우리 조상들은 포도를 이용하여 빚는 포도주도 곡물을 응용하여 빚어 왔다. 여기서는 1540년대 《수운잡방》에 나오는 포도주 제조법을 소개한다.

제 1법 멥쌀 3말로 죽을 써 차게 식으면 누룩가루 7되를 섞어 독에 담는다. 술이 익으면 멥쌀 5말을 여러번 씻어 쪄 차게 식으면 누룩 3되, 포도가루(생 포도를 곱게 으깬 것) 1말과 함께 밑술과 혼합하여 빚는다.

제 2법 포도를 짓이겨 놓고 찹쌀 5되로 죽을 만들어 식힌다. 누룩가루 5홉을 섞어 독에 담아 두고 맑아지면 사용한다.

복분자주, 산딸기주 빚을 때 주의사항

복분자주와 산딸기주 역시 낮은 당도로 인해 충분한 포도당이 생성되지 않아 발효에 문제가 있으므로 포도주와 마찬가지로 곡물을 함께 넣어 발효를 시킨다.

과실주 빚을 때 쌀 양과 물 양 비율 조정

복분자, 딸기, 포도 등을 이용하여 술을 빚을 때는 곡물을 물 양보다 많이 넣어 주어야 한다. 왜냐하면 전체 쌀 양 : 물 양이 1:1이 되어야 맛이 좋은 술이 될 수 있는데 과실에 포함되어 있는 수분이 물 양에 더해지기 때문이다. 따라서 주모1 또는 주모2를 빚을 때 전체 물 양에 과실의 수분이 합쳐진다고 생각하고 당초 물 양에서 과실의 수분량 만큼 빼주던지 또는 쌀 양을 더해 주는 것이 필요하다.

복분자 2kg을 넣고 술을 빚는다면 약 2ℓ 정도의 수분이 추가된다고 보고 주모1이나 주모2를 할 때 물 양을 2ℓ 감하거나 쌀량을 2ℓ 추가해야 한다. 그리고 과실주는 약간 단맛이 나는 술이 맛있기 때문에 쌀량이 물 양보다 좀 많은 것이 좋다.

과실을 이용하여 술 빚는 방법

포도, 복분자, 산딸기, 오디, 블루베리, 머루 등과 같이 색이 진한 과일은 고두밥과 함께 빚어도 색깔이나 향에 영향이 없으나 사과, 배, 복숭아 등과 같이 색이 강하지 않고 향도 연한 과일은 고두밥과 함께 혼합을 하면 색과 향이 모두 탄산가스에 의해 없어질 수 있으므로 주의해야 한다. 이러한 과일은 채주하기 일주일 전에 칼로 저미어서 넣어주면 좋다. 과일도 복분자와 마찬가지로 물 양 조절을 잘 해야 함은 물론이다.

당귀주當歸酒 함께 빚기

약재를 이용한 술빚기

당귀는 한약재의 하나로 임신후 몸이 쇠약해진 여성의 몸을 원래대로 다시 회복시켜 준다고 하여 여성에게 좋은 약재로 알려져 있다. 당귀를 넣어 담은 술은 향이 좋으나 많이 넣으면 한약 향이 강해 오히려 역할 수 있다. 여기서는 약재를 이용하여 술 빚는 방법을 배우게 된다.

〈재료〉
주모1 : 멥쌀 1ℓ, 물 2.5ℓ, 누룩 400g, 당귀 10g
주모2 : 멥쌀 1ℓ, 물 2.5ℓ
덧술 : 찹쌀 5ℓ, 당귀 10g

〈도구〉
발효통, 찜기, 주걱 등

주모1 함께 빚기

1. 당귀 달인 물로 범벅 만들기

주전자에 물 3ℓ와 당귀 10g을 넣은 후 2.5ℓ가 될 때까지 달인다.
당귀 달인 끓는 물을 쌀가루에 1/3씩 넣어주면서 범벅을 만든다.(당귀는 나중에 건져낸다.)

2. 범벅과 누룩 혼합하기

차게 식힌 후 곱게 빻은 누룩 400g을 넣고 잘 혼합한다.

3. 발효시키기

발효통에 담고 25℃에서 발효를 시작한다. 24시간에 술덧을 확인하고 36~48시간 내에 덧술을 한다.

주모2 함께 빚기 p. 128 삼양주 함께 빚기 참고

덧술 함께 빚기

1. 당귀 넣고 고두밥 만들기

깨끗이 씻어 물에 담가놓은 찹쌀의 물기를 빼고 당귀 10g을 혼합해 놓는다. 고두밥을 찔 때 당귀를 넣고 같이 쪄준다. 이렇게 하면 향이 달아나지 않고 그대로 맛으로 남는다. 고두밥을 쪄 25℃ 정도로 식힌다.

2. 고두밥과 주모2 혼합하기

밑술의 색깔이 고두밥에 완전히 물들 때까지 고루 잘 혼합해 주어야 한다. 그러나 고두밥이 깨지지 않게 혼합하는 것이 중요하다. (30분 이상 혼합)

3. 발효시키기

술덧을 발효통에 넣고 25℃에서 발효시킨다. 24시간 후 상태를 확인하고 오염이 없으면 그대로 발효를 진행한다. 10일에 한 번 위아래를 저어준다. 완성되면 용수를 박아 떠낸다.

약용주 빚는 방법

우리 몸에 좋은 약재를 넣어 술을 빚으면 약기운을 잘 돌게 하여 효과가 좋다고 한다. 당귀주, 인삼주, 하수오주, 오정주, 애주 등의 약용주가 있다. 약용주는 빚는 목적에 따라 약재를 넣는 시기가 다르기 때문에 어느 시기에 약재를 넣느냐가 중요하다.

약재 넣는 시기

1. 술빚기 초기에 넣는 경우

약재를 첨가하여 술을 빚고자 하면 약재를 물에 넣고 끓여 약재를 우려 낸 다음 이를 이용 물량을 맞추어 술을 빚는다. 삼지구엽초, 야관문, 당귀, 구기자 등은 술빚기 초기에 약재를 한약 다리듯이 우려낸 후 그 약물로 물량을 맞추어 술을 빚는다. 그러나 약재 달인 물을 초기에 넣어 줄 경우 약재가 미생물의 배양에 방해가 될 수도 있기 때문에 주의할 필요가 있다.(살균효과가 있는 약재 등) 이 경우에는 초기에 넣어 주는 것보다 중기에 고두밥과 함께 약재 달인 물을 넣어주어 안정적인 발효를 돕는 것도 한 방법이다.

2. 술빚기 중기에 넣는 경우

약재를 초기에 넣지 않고 이양주 또는 삼양주에서는 고두밥과 함께 혼합해 주는 경우가 있다. 즉, 더덕의 경우 초반에 넣어 주는 것보다 고두밥 투입 시 저미어둔 생 더덕을 고두밥 찔 때 살짝 쪄주고 주모와 혼합해 준다. 또한 두견주는 주모와 고두밥이 혼합된 술덧을 진달래꽃과 켜켜이 섞어가면서 발효통에 넣고 발효시킨다. 또 여기에 해당되는 것으로는 산사주, 오가피열매주 등이 술빚기 중기에 약재 열매를 넣고 빚는다. 한편 백년초, 복분자 등과 같이 색이 강한 것도 말기보다는 중기에 고두밥과 함께 혼합 발효시켜 술을 빚으면 아름다운 색을 가진 술을 빚을 수 있다.

---

*약재 달인 물 끓이는 방법

약재 달인 물 2.5ℓ를 원한다면 주전자에 2.5ℓ의 물을 붓고 물의 눈금을 확인하여 둔다. 그리고 여기에다 물 0.5ℓ를 더 넣어주고 당귀 10g을 넣은 다음 끓여주는데 처음에 눈금을 확인해둔 곳(2.5ℓ)까지 달이면 우리가 원하는 탕약이 된다.

3. 술 빚기 말기에 넣는 경우

향이 진하지 않은 약재의 경우 초기 또는 중기에 약재를 넣는 것보다 술이 어느 정도 완성되었을 때 또는 채주 후에 약재를 넣어주는 것이 좋다. 이 경우에는 베주머니 등에 약재 등을 넣고 뚜껑 등에 매달아 향이 술에 베게 한다. 그러나 향이 강한 감국, 구절초 등 국화과 꽃, 쑥, 솔잎 등은 중기에 고두밥과 함께 혼합해 주고 발효시키면 훌륭한 향을 즐길 수 있다. 빨간 빛깔을 나타내는 오미자 등을 이용하고자 할 때는 신맛이 강해 채주 1~2일전에 생 오미자 등 열매를 넣어 두었다 채주하면 붉은 색을 띤 술을 얻을 수 있다.

4. 약재를 넣는 양

약재를 넣는 양은 쌀양 대비 0.5%~1% 정도 넣는 것이 좋다. 덧술의 쌀양이 4kg이면 20~40g의 약재를 넣는데 부드러운 향을 원한다면 20g, 깊고 진한 향을 얻고자 하면 40g을 넣어 준다. 빚을 때는 약재를 넣어보고 양을 가감해 본다. 향이 너무 강하면 역겨움을 줄 뿐 좋은 느낌을 줄 수 없음을 술빚을 때 유념해 두어야 한다.

약주 및 가향주 제조법
1. 불끈주 : 덧술에 약 달인 물(구기자, 당귀, 오미자, 천궁, 생강, 대추, 음양곽 각 5g씩)
2. 산사주 : 덧술 시 고두밥과 밑술 그리고 산사를 합하여
3. 연미주 : 덧술 시 고두밥과 밑술 그리고 연근가루
4. 오가피열매주 : 덧술 시 고두밥과 밑술 그리고 오가피열매
5. 인삼주 : 고두밥 찔 때 인삼을 넣고 찐 후 밑술과 고두밥 그리고 인삼을 버무린다.
6. 장미화주 : 고두밥과 밑술을 버무리고 술독 맨 밑에 장미꽃을 앉힌다.
7. 국화주 : 고두밥 찔 때 국화꽃을 올려 찐다.
8. 자두화주 : 밑술에 고두밥과 자두꽃을 넣고 버무린다.
9. 두견주 : 밑술과 고두밥을 버무린 후 켜켜이 진달래꽃과 술덧을 앉힌다.

새앙주 함께 빚기

새앙은 생강의 우리 고유의 말이다. 생강은 성분이 따뜻하여 우리 몸의 차가운 기운을 발산시켜주고 소화기를 따뜻하게 해주며 혈액순환을 활발하게 유지시켜주는 동시에 차가운 기운으로 인한 구토나 설사 등을 멈추게 하는 효능이 있는 것으로 알려져 있다. 또한 위장의 소화 효소액의 분비를 촉진하고 위장의 운동을 활발하게 하여 식욕을 높이는데 좋은 물질로 동의보감 등에 기록되어 있는 좋은 식품이다.

따라서 이를 이용하여 술을 빚게 되면 위장기능과 혈액순환을 좋게 하고 소화흡수를 높이는 유용한 술이 되는데 맛을 보면 약간 톡 쏘면서도 부드러운 맛과 좋은 향이 어우러져 감탄이 절로 나오는 전통주가 탄생된다. 자, 한번 빚어 보자.

〈재료〉
주모1 : 멥쌀 1ℓ, 물 2.5ℓ, 누룩 400g
주모2 : 멥쌀 1ℓ, 물 2.5ℓ
덧술 : 찹쌀 5ℓ, 생강 50g, 계피 20g

〈도구〉
발효통, 찜기, 주걱 등

생강 넣어 주는 시기
단호박주를 빚을 때는 단호박을 고두밥과 함께 혼합을 했는데 여기 생강은 술이 어느 정도 완성된 다음 항아리에 넣어주는 방법이 서로 다르다. 왜 그럴까? 그것은 생강의 향을 보존하기 위해서이다.
우리 미생물은 알코올 발효를 일으키면서 탄산가스를 방출하는데 이 탄산가스에 의해 미리 생강을 넣어 두면 향이 모두 달아나서 나중에 술이 완성되어서는 생강의 향을 음미할 수가 없다. 이와 같이 향을 취하는 술 빚기는 재료를 미리 넣지 않고 나중에 채주할 시점에 넣어 두었다가 채주를 한다. 그러면 향기로운 향을 얻을 수 있다.

주모1 함께 빚기 p. 124 삼양주 함께 빚기 참고
주모2 함께 빚기 p. 128 삼양주 함께 빚기 참고

덧술 함께 빚기

1. 고두밥 만들기

2. 고두밥과 밑술 혼합하기

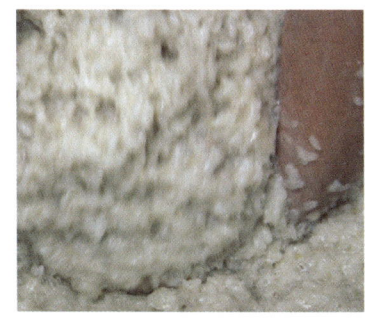

고두밥과 밑술을 두 손을 이용하여 잘 주물러 준다.

3. 발효시키기

혼합이 잘되었으면 항아리에 담아 25℃에서 발효를 시작한다. 10일에 한 번 위아래를 저어준다.

4. 발효 중 생강 넣어주기

술이 완성되기 7일 전(술이 고두밥 위로 살짝 올라온 상태)에 생강을 깨끗이 씻어 절구에 다진 다음 베보자기에 담아 깨끗이 씻은 손으로 술덧 밑에 넣어둔다. 그러면 7일 후 채주할 때는 생강의 향과 맛이 술에 배어 맛있는 새앙주가 완성된다.

생강과 함께 통 계피를 넣어 주면 좋다. 계피는 술 윗부분에 띄워 주면 된다.

완성되면 용수를 박아 떠낸다.

두견주杜鵑酒 함께 빚기

꽃을 이용하여 술 빚기

봄이면 산천을 보라빛으로 물들이는 꽃이 진달래꽃이다. 김소월은 시로서 진달래를 표현했고 중국에서 술과 시성詩聖으로 유명한 두보·이태백은 진달래로 술을 담아 먹었다하여 진달래 술이 더욱 유명해졌다. 예로부터 두견주 또는 진달래술은 요통, 천식, 해열, 류마티즘에 좋은 술로 알려져있다. 봄을 맞아 산천을 보랏빛으로 물들이는 진달래를 한소쿠리 따다 두견주를 담아보자. 그 고운 빛에 취해보고 향에 취해본들 어떠하리!

〈재료〉
주모1 : 멥쌀 2ℓ, 물 5ℓ, 누룩 800g
주모2 : 멥쌀 2ℓ, 물 5ℓ
덧술 : 찹쌀 10ℓ, 진달래 2ℓ

〈도구〉
발효통, 찜기, 주전자 등

진달래와 철쭉 구별하기

두견주를 담그기 위해서는 진달래꽃이 필요한데 4월 초에 담글 때는 문제가 없으나 5월경에 담고자 할 경우 문제가 발생한다. 왜냐하면 5월경에는 철쭉꽃이 산야에 널리 퍼져있어 진달래와 구별이 잘 되지 않기 때문이다. 물론 진달래 색이 아닌 영산홍 등은 색으로 구별을 할 수 있다지만 진달래 색인 연보라색일 경우에는 혼란스럽기만 하다.

그럼 왜 구별을 해야하는가? 그것은 진달래꽃은 먹을 수 있지만 철쭉은 먹을 수 없기 때문이다.

구별법

1. 시기 : 진달래는 4월 초순, 철쭉은 5월 초 또는 그 이후
2. 잎 : 진달래는 꽃이 먼저 피는데 철쭉은 꽃과 잎이 같이 핀다.
3. 잎모양 : 진달래는 잎모양이 약간 둥그스름한데 철쭉은 끝부분이 날카롭다.
4. 꽃받침 : 진달래는 꽃받침이 없는데 철쭉은 꽃받침이 있다.
5. 끈적거림 : 진달래는 꽃 밑에 끈적거림이 없는데 철쭉은 꽃받침 밑이 끈적거린다.

5월경이라면 잎 모양과 꽃받침으로 구별을 할 수밖에 없다.

주모1 함께 빚기 p. 124 삼양주 함께 빚기 참고
주모2 함께 빚기 p. 128 삼양주 함께 빚기 참고

덧술 함께 빚기

1. 진달래 말리기

진달래의 꽃술을 제거해주고(꽃술에는 독이 있어 제거 필수) 흐르는 물에 씻어 그늘에서 물기가 없어질 때까지 말려둔다.

2. 고두밥과 밑술 혼합하기

고두밥과 빚어놓은 주모2를 두 손을 이용하여 잘 주물러 준다.

3. 진달래와 함께 술덧 발효통에 넣기

진달래 한웅큼을 발효통에 깔고 그 위에 잘 혼합된 술덧을 올리는 방법으로 진달래와 술덧을 층층이 쌓아 발효시킨다. 20~25일 후 맑은 술이 뜨면 용수 또는 거름망을 이용하여 채주한다.

황국화주 빚는 방법

가을이면 산천에 노란 국화꽃이 만개하는 것을 볼 수 있다. 이를 감국이라고 하는데 이를 이용하여 맛있는 술을 빚을 수 있다. 이 황국을 이용하여 술 빚는 방법으로 세 가지가 있다.

첫째, 말린 감국 30g을 밭시루떡 앉히듯이 켜켜이 앉히는 방법이다. 즉, 맨밑에 감국을 그 위에 술덧(쌀가루+누룩+물 혼합한 것)을 또 그 위에 감국을 뿌려 앉히는 방법이다.

둘째, 말린 감국을 고두밥에 살짝 찐 다음 밑술과 고두밥을 혼합할 때 함께 혼합해주는 방법이다.

셋째, 이 방법은 1500년대 《수운잡방》에 소개된 황국화주 빚는 방법으로 이를 소개하면 "황국은 향기롭고 맛이 단 것을 골라 따서 햇볕을 쬐어 말린다. 청주 1말당 국화 3냥씩을 생명주 주머니에 넣어 술 윗면에서 손가락 하나 높이에 매달고 독부리를 단단히 봉한다. 하룻밤 지나서 꽃을 들어낸다. 맛이 향기롭고 달다. 모든 향기가 있는 꽃은 이와 같이 할 수 있다." 이 방법은 위의 두 방법과 많이 상이하지만 술에 향이 많이 배면서 더 짙은 향을 느낄 수 있다.

첫째와 둘째 방법을 이용하여 국화주를 많이 빚는다. 이 방법들은 자칫 발효과정에서 나오는 탄산가스에 의해 향이 많이 달아날 수 있는데 반해 셋째 방법은 술에 향이 배면서 국화의 향을 그대로 느낄 수 있어 쉬우면서도 유용한 방법이 아닐 수 없다.

이와 같이 국화꽃, 매화, 연꽃 등 향이 많이 나는 꽃은 직접 술덧과 접촉을 하지 않아야 좋은 향을 얻을 수 있다. 반면 진달래꽃, 복숭아꽃 등은 향이 거의 나지 않아 향을 느끼기 위해 굳이 매달아 술을 빚을 필요는 없고 술덧과 함께 혼합을 해주는 방법을 취하면 새로운 맛과 향을 느낄 수 있다.

허브주 빚는 방법

캐모마일, 로즈마리, 라벤더, 장미, 박하, 커피 등 향이 나는 허브를 이용하여 술을 빚으면 향기롭고 풍미가 높은 술을 음미할 수 있다. 빚는 방법은 아주 간단하다. 1500년대 《수운잡방》에 소개된 황국화주 빚는 방법을 응용하여 빚으면 된다. 즉, 술을 다 채주하고 큰 유리병에 병입했으면 캐모마일 등 허브를 조그만 베주머니에 넣고(말린 허브 10g) 뚜껑에 매달아 놓는 것이다. 그러면 허브 향이 술에 배어 깊고 풍부한 향이 술이 떨어질 때까지 입맛에 남게 된다. 젊은이들도 많이 좋아하니 한번 응용해보면 좋을 것이다.

삼해주三亥酒 함께 빚기

삼해주三亥酒는 고문헌에 13가지가 전해 내려오는 다양한 제조 방법을 가진 삼양주의 대표적인 술이다. 이렇게 많은 술이 삼해주로 내려오고 있는 것을 보면 삼해주는 정월 초 해일亥日에 담는 술들을 이름 하여 삼해주라고 불러왔던 것 같다.

여러 가지 삼해주가 있지만 삼해주의 공통되는 점은 겨울에 빚는 술이고 정월 초 해일亥日에 주모1을 담그고 다음 해일에 주모2를 담그는 등 12일 만에 술을 빚기 때문에 물 양이 매우 적은 술로서 100일 만에 취하면 향기와 맛이 뛰어난 술이 된다.

여기서는 서울지방에 유행했던 삼해주로서 서울무형문화재 삼해주 명인이신 권희자 여사님의 삼해주를 따라 만들어 본다.

〈재료〉
주모1 : 멥쌀 2ℓ, 물 2ℓ, 누룩 800g
주모2 : 멥쌀 4ℓ, 밀가루 600g
덧술 : 멥쌀 5ℓ, 끓여 식힌 물 5ℓ

〈도구〉
발효통, 찜기, 주걱 등

〈준비하기〉
멥쌀 2ℓ를 깨끗이 씻어 3시간 물에 담갔다 30분 정도 물을 뺀 다음 곱게 가루를 만든다.

주모1 함께 빚기

1. 범벅 만들기

끓는 물 2ℓ를 준비해 둔 쌀가루에 넣어 범벅을 만든다.

2. 범벅과 누룩 혼합하기

범벅을 식혀 곱게 가루를 낸 누룩과 혼합한다.

물 양이 매우 적어 뻑뻑하여 혼합하기가 쉽지 않기 때문에 누룩은 가능한 곱게 가루 내어 혼합해줘야 한다. 누룩이 잘 섞일 수 있도록 여러 번 치대주어야 한다.

3. 발효시키기

12일 후 다음 해일亥日에 주모2를 한다.

적은 양의 물로 범벅 만들기

삼해주의 경우 범벅을 만들 때 앞에서 만들었던 범벅에 사용하는 물 양보다 적은 양을 사용한다. 물 양이 적기 때문에 범벅을 만들기가 쉽지 않다. 이럴 때는 물을 조금씩 넣어 가면서 반죽을 하여야 한다. 그리고 최종적으로 반죽이 잘 되도록 혼합해 주어야 한다. 물양이 매우 적기 때문에 거의 누룩화되어 밑술이 되어 진다. 당화도 잘 이뤄지지 않고 발효도 잘 이뤄지지 않는다. 아주 천천히 진행되는 것이다. 다행히 날씨가 차갑고 물이 적어서 덧술 시기를 늦출 수 있다. 이것은 겨울에 빚는 술이기 때문에 가능한 혼합비율이다.

긴 발효 기간

보통 48시간 내에 덧술을 하라고 했는데 여기서는 12일 후에 덧술을 한다. 이 술은 여름에 빚는 술이 아니고 추운 정월에 빚는 술이기 때문에 주모1이 거의 누룩화되어 천천히 발효가 진행되기 때문에 12일 후에도 덧술이 가능하다. 그리고 물 양도 매우 적기 때문에 단술이 빚어져 오염될 염려가 적은 술이라서 가능한 것이다.

주모2 함께 빚기

1. 구멍 떡 만들기

끓는 물을 쌀가루에 조금씩 넣어 가면서 익반죽을 한다.
직경 5cm 크기로 둥근 모양으로 떼어내 손바닥으로 돌려가며 둥그렇게 공 모양으로 만들면서 잘 치댄다.

공 모양을 넓적하고 둥글게 만들고 손가락 굵기 만큼 가운데 구멍을 뚫어 구멍 떡을 만든다.

끓는 물에 구멍 떡을 넣고 한참 끓인 후 구멍 떡이 떠오르면 건져낸다.

*구멍 떡은 물이 거의 들어가지 않는 술을 빚을 때 사용한다.

2. 구멍 떡과 주모1 혼합하기

3. 발효시키기

구멍 떡을 양푼에 넣고 주걱으로 짓이겨 덩어리를 풀어주고 덩어리가 식으면 주모1과 잘 혼합되도록 열심히 주물러 주어야 한다.

덧술 함께 빚기

1. 멥쌀 고두밥 만들기

멥쌀을 깨끗이 씻어 물에 담갔다가 건져 고두밥이 잘 익도록 찐다. 멥쌀 고두밥은 찹쌀 때보다 더 오래 쪄주어야 한다.
통상 김 오르고 부터 1시간 쪄주는데 다 쪄진 다음에 맛을 보아 익은 정도를 확인하여야 한다.

2. 고두밥과 주모2 혼합하기

주모2와 분량의 끓여 식힌 물을 섞고 차게 식힌 고두밥을 혼합하여 발효통에 넣는다.

3. 발효시키기

20여일 후 맑은 술이 고이면 채주하여 냉장 보관한다.
통상 삼해주는 100일 후에 마시면 좋다고 한다. 양주방에는 한 달에 한번 빚는 삼해주도 나온다.

저온에서 후발효 진행의 효과

통상 술은 효모가 좋아하는 온도 25℃에 맞춰 발효통을 놓고 발효가 끝날 때까지 술을 빚게 되는데 여기서 저온 숙성을 한번 생각해보자. 저온 숙성이란? 낮은 온도 약 15℃에서 술을 빚는 것을 말한다. 옛 우리 조상들은 삼해주를 정월 해일날 밑술을 빚고 12일 후 다음 해일 날 덧술을 해주는 등 저온에서 맛있는 술을 빚어왔다. 저온에서는 효모의 활성화가 둔화되기는 하나 천천히 발효가 진행되므로 더 깊고 그윽한 맛을 느낄 수 있다. 그렇다고 처음부터 저온에서 빚으면 효모의 비활성화로 감패원인(겨울철 기온의 저하로 당화작용이 알코올 생성보다 지나치게 많아 포도당이 축적되고 이로 인해 효모에 의한 발효가 저해되는 현상) 등 문제가 발생할 수 있으므로 밑술이나 덧술은 온도 25℃에서 빚고 후발효로 고두밥 투입 후 7~10일째부터 온도 15℃에서 발효를 시키는 것이다. 술이 완성되기까지 시간은 많이 소요되지만 좀 더 부드러우면서도 풍부한 향이 깃든 전통주를 음미할 수 있다.

동정춘洞庭春 함께 빚기

동정춘은 물이 거의 들어가지 않는 술 빚는 방법이다. 그래서 빚은 술은 꼭 꿀 술 같다.

〈재료〉
밑술 : 멥쌀 1ℓ, 누룩 400g
덧술 : 찹쌀 5ℓ

〈도구〉
발효통, 주걱 등

〈준비하기〉
멥쌀 1ℓ를 깨끗이 씻어 3시간 이상 물에 담갔다가 30분 동안 물을 빼고 곱게 가루를 낸다.

물이 적게 들어가는 술
물 양이 적게 들어가는 술은 누룩형태로 미생물이 자라고 단맛이 강해 잡균에 오염되지 않아 덧술 시기를 늦출 수 있다. 반대로 죽 같이 물 양이 많으면 당도도 낮고 알코올 도수도 낮기 때문에 잡균에 오염되기 쉽다.

맛있고 안정적으로 술 빚기
물 양을 가능한 적게 하여 단술을 만들고 나서 물을 첨가하여 주면 알코올 도수가 낮아지면서 목 넘김이 부드럽고 향기로운 향이 나는 맛있는 술을 빚을 수 있다.

밑술 함께 빚기

1. 구멍 떡 만들기

끓는 물을 쌀가루에 조금씩 부으면서 주걱으로 섞다가 좀 식으면 손으로 송편 느낌이 들 정도로 반죽을 한다. 손바닥 크기로 넓게 떡을 만들어 가운데 구멍을 낸다. 끓는 물에 구멍 떡을 넣고 떠오르면 건져서 덩어리를 주걱으로 풀어준다.

2. 누룩과 구멍 떡 혼합하기

식으면 누룩가루 400g을 넣고 혼합한다. 3일후에 덧술을 한다.

덧술 함께 빚기

1. 고두밥 찌기

찹쌀 5ℓ를 깨끗이 씻어 물을 뺀 다음 고두밥을 쪄서 식힌다.

2. 밑술과 고두밥 혼합하기

고두밥과 밑술을 두 손을 이용하여 잘 주물러 준다.

3. 발효시키기

술덧을 발효통에 넣고 25℃에서 발효시킨다. 24시간 후 상태를 확인하고 오염이 없으면 그대로 발효를 진행한다. 10일에 한 번 위 아래를 저어준다. 완성되면 용수를 박아 떠낸다.

주모, 자세히 알기

1. 죽

쌀가루를 완전히 익혔기 때문에 미생물이 먹기 아주 좋은 상태로 만들어 주어 당화가 다른 것보다 빨리 일어난다. 따라서 겨울같이 미생물의 활동이 적을 때 죽을 이용하면 당화에 유리하다.

다만 효모는 세대시간(2시간) 마다 기하급수적으로 증가를 하게 되는데 죽은 빨리 분해되므로 많은 세대시간을 갖지 못하고 덧술을 해줘야하기 때문에 범벅보다 상대적으로 적은 미생물로 계속 술을 빚게 되어 알코올 도수가 낮은 부드러운 술이 될 수 있다.

그리고 많은 물이 투입되었기 때문에 당도도 낮고 알코올 도수도 낮아 잡균에 쉽게 오염될 수 있다. 또 빨리 분해가 되므로 덧술 시기를 놓쳤을 경우에는 술이 산패될 수 있어 주의하여야 한다.

그러나 죽을 이용하여 술의 양을 안정적으로 대폭 증가 시킬 수 있다. 《음식디미방》의 〈순향주법〉에서는 발효가 끝나 완성된 술에 죽을 넣어 술의 양을 안정적으로 늘리는 방법을 기술해 놓고 있다.

2. 범벅

범벅이란 쌀가루가 반은 설었고 반은 익은 상태(반생반숙)라고 할 수 있다. 죽은 완전히 익은 상태를 말하는데 반해 범벅은 반은 익었지만 반은 설은 상태다. 여기서 중요한 것은 적어도 반은 익혀야 한다는 점이다. 범벅이 반도 익지 않고 설어 버리면 누룩의 효소가 쌀가루를 분해하지 못해 술이 만들어 지지 않게 되고 설령 만들어 진다 하더라도 신술이 만들어 질 수 있으니 주의해야 한다.

범벅으로 주모를 만들 때 당초 누룩의 효소와 효모의 양이 적어 48시간이 되어도 완전히 분해되지 못하고 윗막지가 다 분해되지 않은 경우가 있다. 이 경우 시간이 없으면 그냥 덧술을 해주어도 되지만 좀 더 시간을 늦추면서 분해가 다 되길 기다리는 것이 좋

다.(22~25℃에서 발효시)

따라서 쌀가루가 설익기 때문에 분해되는 시간이 장시간 필요하고 그로 인해 세대시간(약 2시간)마다 기하급수적으로 증가하는 미생물의 수가 죽보다 더 많이 늘어나게 되어 술 빚기에 가장 적합한 방법으로 인식되고 있다. 물의 양도 적당하여 알코올 도수도 높다.

3. 백설기

쌀가루를 찜통 또는 시루에 쪄서 떡을 만들어 술 빚는데 사용하기도 한다. 백설기는 효소가 전분을 분해시키는데 어려움을 느껴 당화 속도가 매우 느려 미처 알코올이 충분히 생성되지 못하기 때문에 자칫 잘못하면 잡균에 오염될 수 있다.

따라서 백설기로 술을 빚을땐 덩어리를 풀어주기 위해 뜨거운 물을 넣어 한 번 더 익혀주어 풀처럼 풀어주는 과정을 거쳐야 한다. 이 때 백설기가 식으면 잘 풀어지지 않으므로 뜨거운 상태에서 뜨거운 물을 넣고 일일이 풀어주어야 한다. 백설기는 대체로 덧술 시 사용한다.

4. 구멍 떡

쌀가루를 뜨거운 물로 익반죽을 한 다음 둥글고 납작하게 만들고 가운데 구멍을 뚫어 끓는 물에 넣고 익힌 다음 주걱으로 짓이겨 덩어리를 풀어준 것으로 술을 빚는 방법이다. 구멍 떡을 이용하여 술을 빚는 방법은 물의 투입이 적어 단술이 빚어지게 된다.

5. 고두밥

고두밥은 대체로 덧술에 많이 사용하고 밑술에는 잘 쓰지 않는다. 고두밥 그 자체가 가루가 아닌 쌀알이므로 효소가 분해하여 당화시키는데 시간이 많이 소요되어 누룩에 있는 적은 미생물로는 백설기와 마찬가지로 충분히 당화되지 않아 잡균에 오염될 가능성이 높다. 따라서 고두밥을 사용할 경우에는 식지 않은 고두밥에 뜨거운 물을 부어 한 번 더 호화시켜 효소가 분해할 수 있는 상태로 만든 다음 식혀서 술을 빚어야 한다.

주모의 형태에 따른 장단점 분석

	장점	단점
죽	쉽게 당화가 된다. 술의 양을 안정적으로 늘릴 수 있다. 미생물 활동이 적은 겨울이나 누룩의 힘이 약할 때 사용하면 좋다.	미생물의 수가 적다. 물의 양이 많아 당도와 알코올의 도수가 낮다. 덧술 시기가 빠르다. 잡균에 오염되기 쉽다.
범벅	단맛을 가진 독한 술을 얻을 수 있다. 술 빚기가 쉽다. 미생물 수가 많다. 사계절 가능하다.	점도가 높아 많이 끓어올라서 발효통이 넘칠 수 있으므로 주의하여 관찰한다.
백설기	밑술보다는 덧술에 사용	혼합이 쉽지 않다. 당화가 어렵다. 잡균에 오염되기 쉽다.
구멍떡	적은 양으로 술을 빚을 수 있다. 단술을 얻을 수 있다.	혼합이 쉽지 않다.
고두밥	밑술보다는 덧술에 사용	당화가 어렵다.

주모 형태에 따른 술덧의 오염 가능성

일반적으로 술덧 내부를 효모가 지배하고 있으면 잡균이 침입하기 어려우며, 알코올 도수가 14도 이상이 되면 잡균이 번식을 하지 못한다.

죽	빨리 당화가 일어나고 알코올이 생성되기는 하나 물의 양이 많아 알코올 도수가 높지 못하고 미생물도 증식을 많이 하지 못해 잡균 번식에 노출되어 있다.
백설기	떡으로 빚는 술은 덩어리지어 미생물이 먹고 당화시키는데 시간이 길게 소요되므로 빠른 시간 내에 당화에 의한 알코올이 많이 생성되지 못해 이 역시 잡균에 노출되게 된다. 물론 먹이를 소화시키는 데 시간이 오래 소요되므로 세대시간에 따른 미생물이 증식되겠지만 이 역시 먹이를 제 때 먹지 못해 굶어 죽을 수 있다.
구멍 떡	물 양이 적게 들어가므로 당도가 높아 죽보다는 세균오염이 덜하여 덧술 시기를 다소 늦출 수 있다.
범벅	세대시간에 따른 미생물의 증식이 왕성하고 물의 양도 적당하여 알코올 도수도 높아 술을 빚는데 실패 확률이 적다.

쌀과 물 양

1. 쌀과 물 양은 어떻게 정하나?

이양주, 삼양주를 빚어 보았는데 의문이 있을 것이다. 도대체 물 양과 쌀양은 얼마를 넣고 혼합해야 적당한가? 레시피에 있는 대로만 하면 되는 것인가? 그러면 이 술 말고 다른 술 만들 때는 어떻게 양을 조절해야 될까? 그 방법은 다음과 같다.

이양주(단위 : ℓ, 누룩은 800g)

밑술			덧술			총량	
쌀	물	누룩	쌀	물	누룩	쌀	물
2	6	1	4	0	0	6	6

상기 표의 총량을 보면 쌀과 물이 동량임을 알 수 있다. 즉, 전체적으로 쌀과 물은 같은 양을 넣는다. 이것이 쌀 양과 물 양의 투입하는 비율이다. 이 상태가 단맛이 있는 술의 조합이라고 보면 된다.

밑술에서는 쌀과 물의 비율이 2:6이 된다. 덧술에서는 쌀과 물의 비율은 4:0이 되어 합하면 동량이 되는 것이다. 다시 말해 전체적으로 쌀과 물의 양은 같은 양 1:1이 되도록 맞춰 주면 맛이 좋은 술을 빚을 수 있다.

삼양주 (단위 : ℓ, 누룩은 800g)

주모1(밑술)			주모2			덧술			총량	
쌀	물	누룩	쌀	물	누룩	쌀	물	누룩	쌀	물
1	3	1	2	8	0	8	0	0	11	11

밑술에서는 쌀과 물의 양이 1:3으로 물의 양이 3배가 많으나 덧술부터는 그 비율이 반드시 지켜지고 있지 않다. 상황에 따라 알맞은 조절이 가능하다. 그러나 2차 덧술할 때는 전체적인 쌀과 물의 양이 1:1이 되도록 맞춰 준다.

2. 쌀과 물의 비율에 따른 맛의 차이

쌀과 물의 양에 따라 어떠한 맛의 차이가 있는가 위에서는 1:1을 맞추라고 했는데 이 맛과 다른 비율의 맛과의 차이는 어떠한가?

단위 : 비율

쌀	물	맛	
1	1	기본	1:1을 기본으로 한다.

쌀	물	맛	
1	0.8	단맛	물의 양이 적으면 단맛이 강하고 알코올 도수가 다소 낮다.

쌀	물	맛	
1	1.2	쓴맛	물의 양이 많으면 쓴맛이 강하고 알코올 도수가 높다.

기본은 쌀양과 물 양은 동량이다. 그러나 물 양을 적게하면 단맛의 술이 되고 물 양을 많이 하면 쓴맛이 드는 술이 된다. 이것은 각자의 취양에 따라 취하면 된다. 사람에 따라 단술을 좋아하는 사람이 있고 쓰고 드라이한 술을 좋아하는 사람이 있다.

그러나 처음 술 빚을 때는 쌀양과 물 양을 1:1 또는 1:0.8로 하여 약간 단술로 빚은 다음 발효가 완료된 후 물을 첨가하여 맛을 맞추는 방법이 술을 안정적으로 빚고 목 넘김도 부드러운 술을 빚을 수 있다.

처음부터 물 양을 많이 넣을 경우 초기 알코올 도수가 낮게 되어 오염으로 인해 신술이 만들어 질 수 있고, 또 물 양이 많으면 단맛이 적고 쓴 술이 빚어질 수 있다. 따라서 처음에는 물 양을 가능한 적게 하여 빚고 물을 첨가하여 맛을 조절하는 것이 맛있는 술을 빚는 비법중의 하나이다.

맛있게 빚은 술은 추후 물을 첨가하면 알코올 도수가 떨어지기는 하겠으나 맛이 떨어지거나 신맛이 나지 않고 맛이 좋다.

3. 덧술시 고두밥에 뜨거운 탕수 넣기

덧술을 할 때 전체적인 쌀 양과 물 양을 고려하여 추가로 물을 첨가할 필요가 있다면 고두밥 또는 백설기 등에 직접 끓는 물을 부어 전분을 호화시켜 하는 것이 발효력 향상에 좋다.

단위 : ℓ

구분	쌀 양	물 양
밑술	2	6
덧술	10	6
총계	12	12

상기 표에서 밑술과 덧술의 총계로 보면 쌀 양과 물 양이 12ℓ:12ℓ로 1:1의 동량을 나타내고 있어 안정적인 술 빚기라 할 수 있다. 이때 덧술 시 추가로 넣는 물 양 6ℓ를 찬물로 넣을 수 있고, 끓는 물로 넣을 수도 있을 것이다.

물을 추가로 넣을 때 끓은 물을 넣어 한 번 더 고두밥을 호화시킨 다음 식혜 밑술과 혼합하면 발효에 도움이 된다. 그러나 탁한 술이 될 수 있으니 주의하여야 한다. 한번 호화된 고두밥은 혼합하는 과정에서 쌀알이 깨어질 수 있기 때문에 맑은 청주를 얻고자 하면 끓는 물보다 끓여 식힌물을 넣는 것이 좋다.

그리고 덧술시 쌀 양 또는 물 양을 가감함으로써 자기 취양에 맞는 맛있는 술을 빚을 수도 있다.

단위 : ℓ

구분	쌀 양	물 양
주모1(밑술)	1	3
주모2	2	6
덧술	6	0
총계	9	9

삼양주에서 다시 살펴보면 상기 표에서 밑술과 덧술의 총계로 보면 쌀 양과 물 양이 9ℓ:9ℓ로 1:1로 술을 빚은 것이다. 이때 2차 덧술에서 고두밥을 투입할 때 쌀 양을 조절하여 맛을 자기 취향에 맞게 변화시킬 수 있다.

만일 덧술2에서 고두밥을 5ℓ로 할 경우 물 양이 많아 맛이 약간 쓰고 드라이한 맛을 나타낼 것이고 고두밥을 9ℓ로 할 경우 물 양이 적어 단맛을 가진 술이 될 것이다. 이와 같이 물 양의 조절을 통해 맛을 달리 만들 수 있는데 맛있는 술 빚는 비결은 가능한 단술로 안정적으로 빚은 다음 물을 첨가하여 부드럽게 만드는 것이다.

4. 주모에서 곡물 형태에 따른 물 양 비율과 덧술 시기

곡물 양	물 양	누룩 양	대표 술	덧술시기	주모 형태
1	1	400	삼해주	12일 36일	범벅
1	2	400	-	7일	범벅
1	3	400	호산춘	2-3일	범벅
1	4	400	-	2일	죽
1	5	400	석탄주	1-2일	죽

삼해주

삼해주의 경우 쌀가루를 범벅으로 만들되 물 양을 곡물 양과 동일하게 하여 매우 적은 양의 물을 넣어 빽빽한 형태로 빚었고 이로 인해 단맛이 강하여 덧술 시기를 늦출 수 있었다.

호산춘

호산춘의 경우 쌀가루를 범벅으로 만들되 물 양을 3배로 늘려 줌으로써 삼해주보다 덧술 시기를 빠르게 했다. 이는 물 양이 많으면 그만큼 당도가 낮고 알코올 도수도 낮아 잡균에 의해 술이 부패될 수 있기 때문에 빨리 덧술을 하여 안정적인 알코올 도수 14도가 되도록 할 필요가 있다.

석탄주

석탄주의 경우 죽을 만들기 위해 물 양을 5배 이상을 주어 만드는 술 빚는 방법으로 물 양이 많다보니 당도가 낮고 알코올 도수도 매우 낮은 주모가 된다. 따라서 오염을 방지하기 위해 호산춘보다 더 빨리 덧술 시기를 잡아야 한다.

5. 물 양이 적은 술은 덧술 시기를 늦출 수 있다

물 양이 적으면 밑술이 누룩형태로 미생물이 자라고 단맛이 강하여 타 세균에 오염되지 않아 덧술 시기를 늦출 수 있다. 대부분 겨울에 빚는 술들이 물 양을 적게 하여 덧술 시기를 늦추고 있다.
겨울 정월 해일亥日에 밑술을 빚고 12일 후 해일에 덧술을 해주고 다시 12일 후에 2차 덧술을 하는 삼해주가 덧술 시기를 늦추어 빚어질 수 있는 것은 겨울이기도 하겠지만 물 양을 적게 빚기 때문에 가능한 것이다.

물 양이 적으면 누룩형태로 미생물이 증식하고 단맛이 강하여 잡균에 오염되지 않아 덧술 시기를 늦출 수 있다. 따라서 덧술 시기를 늦추고 싶으면 물 양을 적게 준다.
물 양이 많으면 당도도 낮고 알코올 도수도 낮기 때문에 세균에 오염되기 쉽다. 그러므로 빨리 덧술을 해주어 알코올 도수를 높여 세균의 감염을 방지하여야 한다.

술이 실패하는 이유

술을 빚었는데 마실 수 없을 정도로 신맛이 강하게 나면 참으로 참담고 심란하다. 들어간 쌀 양과 시간적 소모도 아깝다. 무엇이 잘못인가? 처음 술을 빚을 때는 그래도 잘 되는데 조금씩 빚어가면서 실패가 나타나는 경우가 있다. 이것은 안이한 생각이 부른 화인 것 같다. 여기서 한번 실패의 원인들을 재점검해 보자.

1. 발효통 등의 살균·소독이 안 된 경우

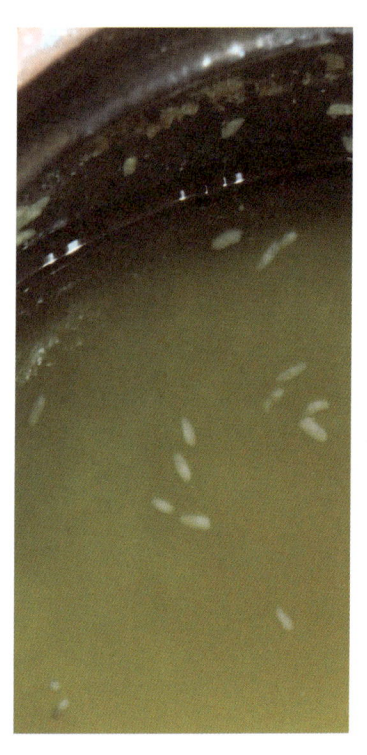

발효통 등은 사용할 때마다 살균·소독하여야 한다. 기타 도구들도 사용할 때는 살균·소독하여야 한다. 스테인리스 제품은 끓는 물에 소독하고 일반 플라스틱 제품은 증류주를 스프레이에 담아 뿌려 살균한다. 이것은 상당히 중요하다. 발효통 등이 살균되지 않은 상태로 오염된 채 사용하면 세균에 무방비한 상태에 놓이게 된다. 그리고 살균했으면 깨끗이 말려서 사용하여야 한다. 젖은 상태는 또다시 오염이 될 수 있기 때문이다.

2. 손을 씻지 않고 도구 등을 만지고 술을 빚는 경우

술을 빚을 때는 항시 손을 깨끗이 씻고 마른 수건으로 닦아야 한다. 손에 의한 오염은 어쩌면 도구의 오염보다 더 문제가 될 수 있다. 또 젖은 손으로 절대로 도구 등을 만져서는 안 된다. 여러 번 강조했지만 밑술 담그는 초기는 아직 술덧 내에 잡균에 대한 저항력이 없기 때문에 항시 문제 될 수 있다. 가장 신경써야 할 부분이다.

3. 내용물보다 큰 발효통을 사용하는 경우

밑술이든 덧술이든 내용물이 담겨진 후 약 1/3정도의 여유분만 남기는 정도의 크기가 적당한 크기다. 너무 큰 발효통을 사용하면 잡균에 오염될 수 있어 적당한 크기의 발효통을 사용하여야 한다.

4. 발효력이 떨어지는 누룩 사용

누룩의 역가는 300sp 이상이어야 한다. 그러나 누룩은 시간이 오래 됨에 따라 역가가 떨어져 당화에 문제가 발생되고 발효도 제대로 되지 않는다. 그러면 당연히 잡균에 노출될 수밖에 없다. 누룩은 가능한 1년이 넘은 누룩은 사용하지 않는 것이 좋다.

술덧 내의 오염을 방지하기 위해서는 가능한 빨리 효모가 자리를 잡아야 하고 알코올 도수가 10°이상이 빨리 되어야 한다. 알코올 도수가 10°가 되기 전에는 항상 잡균이 침입하고 번식하기 좋기 때문에 늘 주의할 필요가 있다. 좋은 누룩을 사용하고 미생물 배양을 통해 발효력을 높이고자 하는 것은 빨리 알코올 도수를 높여 실패하는 술을 만들지 않기 위함이다.

5. 굵은 누룩을 사용했을 경우

굵은 누룩을 그대로 사용하면 쌀가루와 누룩이 잘 혼합이 되지 않아 문제가 발생된다. 누룩에는 곰팡이가 분비하는 효소라는 물질과 효모가 있다. 문제는 효소에 있다. 효소는 미생물이 아니라 물질이기 때문에 움직일 수 없다. 따라서 혼합이 제대로 되지 않을 경우 먼 거리에 있는 쌀가루의 전분을 효소가 당으로 전환시킬 수 없게 된다.

당화가 제대로 되지 않으니 발효가 일어나지 않고 그래서 술덧 내의 알코올 도수는 낮아져서 잡균에 오염되기 쉬운 상태가 되는 것이다.

누룩은 절구를 이용하여 가루로 곱게 만들어 사용해야 한다. 그래야 쌀가루와 잘 혼합되어 당화가 촉진되고 알코올이 빨리 생성될 수 있다.

6. 적당히 혼합을 해주었을 경우

범벅을 만들어 누룩과 혼합하는 것은 쉬운 작업이 아니다. 식은 범벅에 누룩가루를 넣고 거의 죽이 될 정도로 잘 혼합해 주어야 효소가 당화를 빨리 해 낼 수 있고 발효가 한층 빨리 진행될 수 있다. 귀찮아 혼합이 잘 되지 않은 상태에서 발효통에 넣을 경우 술덧은 당화와 발효가 제때 일어나지 않아 문제가 발생할 수 있다. 힘들어도 정성을 다해 혼합해 주어야 한다. 그래야 맛있는 술이 탄생된다.

7. 덧술 시기를 놓칠 경우

덧술을 해 주어야 하는 시기가 있다. 발효가 거의 완료되어 밀기울이 떠있거나 요란하던 탄산가스 분출이 잠잠해지거나 맛에 있어서 달콤하면서 알코올기가 느껴지는 시기에 덧술을 해줘야 하는데 이 시기를 놓치게 되면 미생물이 더 이상의 양식이 없어 굶어 사멸하게 된다. 사멸한 다음 덧술을 해주어도 소용이 없다. 효모가 사멸하면 더 이상 알코올 생성이 되지 않아 초산 침투를 당하기 쉬운 상태가 된다. 덧술 시기를 잘 맞춰야 하고 어려우면 오히려 일찍 해주는 것이 좋고, 잘 모르겠으면 밑술 빚은 지 25℃에서 48시간 또는 24시간

만에 덧술을 해준다.

8. 온도관리에 실패하다

효모가 좋아하는 온도는 25℃이다. 그래 범벅을 식힐 때도 25℃까지 식혀서 누룩과 혼합을 하는 등 술 빚기의 시작은 25℃ 이다.

25℃에 맞춰 술을 빚어도 발효가 한창 진행될 때는 3℃가 높은 28℃가 되기 때문에 주변의 온도에 신경써야 한다. 만일 주변의 온도가 30℃라면 발효통 내부의 품온은 33~35℃가 되어 효모가 사멸될 수 있기 때문이다. 여름철에 술을 빚을 때 주변온도가 높을 경우 찬물에 발효통을 넣어 냉각시키는 등 신경써야 한다.

9. 미생물 배양에 실패하다

미생물을 배양하는 목적은 많은 효소와 효모를 만들어 빨리 알코올을 생성하여 안정적으로 술 빚기 위함이다. 미생물을 배양하려면 가능한 쌀을 가루 내어 미생물이 먹기 좋은 상태를 만들어야 하고 미생물이 좋아하는 온도에서 빚어야 하며, 좋은 누룩을 가루 내어 혼합을 잘 해줘야 한다. 미생물 배양에 실패하면 적은 미생물로 빨리 당화가 이뤄지지 않고 알코올도 생성이 잘 되지 않아 술은 시어질 수 있다.

· 05 ·

소주편

소주

걸러진 청주에 소주 고리를 걸어 증류하여 알코올 도수가 높고 장기보존이 가능한 증류주를 얻을 수 있다. 일반 양조주는 알코올 도수가 낮아 장기보존이 불가능한데 이러한 결점을 없앤 것이 소주이다.

감홍로 甘紅露 함께 빚기

시중에서 팔리는 희석식 소주가 아니라 증류식 소주를 만들어 보자. 희석식 소주는 주정에다 물을 타고 희석시켜 맛을 내기 위해 아스파탐 등 인공감미료를 넣어 만드는데 반해 증류식 소주는 발효주를 증류기를 통해 증류한 것으로 오래 숙성할수록 깊고 부드러운 맛을 느낄 수 있다. 여기서는 진도의 특산물인 진도 홍주를 만들어 보고자 한다.

〈재료〉
증류할 발효주, 지초

〈도구〉
증류기 등

도구는 기존의 질그릇 고리를 이용하여도 되나 새롭게 개발된 스테인리스 고리를 이용하여 소주를 내려 보았다.

함께 빚기

1. 증류기 소독
10분 간 물에 넣고 가열하여 살균소독 한다.
증기가 밖으로 배출될 수 있도록 냉각수는 넣지 않는다.

2. 증류주 가열하기
증류부에 발효주 10ℓ를 넣는다. 냉각부를 올리고 꽉 조여준다. 냉각수를 돌리고 불을 가열한다.

열에 의해 액체가 기체로 변하고 기체는 냉각에 의해 액체로 변하는 과정을 거치는데 비점(끓는 점)에 의해 알코올이 물과 분리 배출된다.
물은 100℃에서 끓으나 높은 도수의 알코올일수록 비점이 낮아(97.27°의 알코올은 78.15℃에서 끓게 된다.) 낮은 온도에서 끓어 먼저 기화되어 액체로 변해 나오게 된다.

지초

3. 처음 30ml의 메틸알코올 버리기
처음 30ml의 메틸알코올은 버린 후 증류액 받는 용기 위에 망을 올린다.(깔대기를 이용)

4. 지초 올리기
천을 깔고 천위에 지초 20g을 올린다.

지초는 진도 홍주에서 붉은 색을 내기 위해 사용하는 약초의 일종으로 증류주가 이를 통과하면 붉은 빛깔의 술로 변하게 된다.

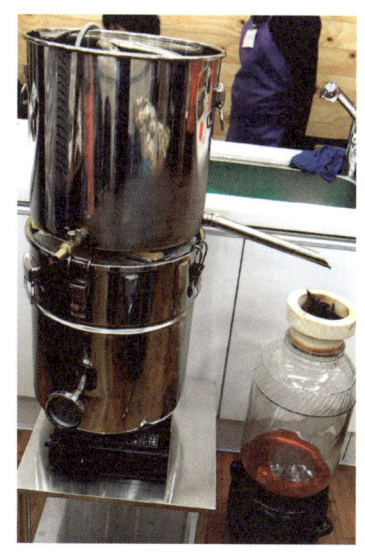

5. 1차 증류액 받기

증류액이 지초 위에 떨어지게 한다. (증류액이 튀지 않도록 주의 한다.) 처음 증류주에 넣은 술 양의 1/3을 받는다. 1/3을 받았으면 증류를 멈춘다.

처음에 나오는 것은(초류) 메틸알코올 및 증류기에 있을 오염물질이 나올 수 있다. 발효주를 증류하면 휘발성이 강한 즉, 비점이 낮은 에스테르, 아세트알데히드 등이 휘산되어 먼저 나오고 다음에 메틸알코올도 나온다. 이런 성분은 몸에 해로우므로 초류 30ml은 버리는 것이 좋다.

그 다음 마지막으로 나오는 프로판올 등과 같은 에탄올보다 휘발성이 낮은 농축액을 후류라고 하고 이 후류는 별도로 받았다가 다음 증류 때 같이 증류하기도 한다.

처음 나오는 소주의 알코올 도수는 61°(발효주 15°는 약 90℃에서 끓고 처음 나오는 알코올 도수는 61°정도 된다.)정도이며 비점이 높아지면서 점차 나오는 소주의 알코올 도수가 떨어지고 50° 전후부터는 백탁 현상이 시작된다. 40°까지 정점이며 알코올 10° 정도일 때 증류를 중지한다. 이것이 처음 넣은 술의 1/3되는 양이 되고 소주의 평균 도수는 45°정도 된다. 여기서 더 진행하면 알코올 도수가 거의 없는 증류주가 나와 전체적인 알코올 도수를 낮추게 되어 의미가 없다.

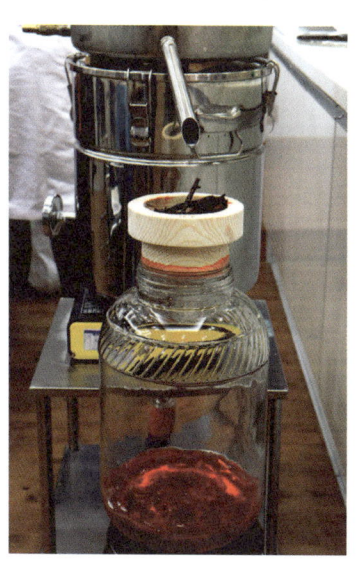

6. 2차 증류주 내리기

1/3 받은 증류주를 다시 증류기에 넣는다.
증류액을 받는다. 1/3정도 받으면 증류를 멈춘다.
유리병 등에 넣어 보관한다.

앞에서 받은 1/3정도의 증류주를 다시 한 번 증류를 시켜 증류주의 순도를 더 맑게 고급화시키는 작업이다. 여기서도 비점이 낮은 고도수의 알코올이 먼저 나오고 점차 비점이 높아지면서 도수가 낮은 알코올이 나오게 되어 전체 양의 1/3정도만 받고 증류를 멈추게 된다. 남은 것은 후류로서 다음 증류 때 넣어서 증류를 하거나 폐기한다.

소주 만들 때

1. 가급적 걸러 놓은 술 증류
단식 증류로 증류할 술은 가급적 걸러 놓거나 여과기 등을 이용해 맑은 술을 취한다. (맑은 술이 아니면 증류기 밑에 눌러 붙어 탈 수가 있기 때문에 가능한 맑은 술을 취해 증류하는 것이 좋다.)

2. 실패한 술 증류
통상 실패한 술을 증류하려고 한다. 그러나 실패한 술은 증류해도 맛이 좋아지지 않고 증류주 역시 좋지 않은 향이 남아 있어 마시기 어렵다.

3. 미성숙된 술 증류
아직 발효가 끝나지 않은 술을 증류하면 알코올 분이 낮아 수율이 낮고 점도가 높아서 유출액이 혼합될 염려가 있다.

4. 발효주 증류시 3·3·3 법칙
첫 번째 3 : 넣는 술의 1/3만을 받는다. 가장 좋은 증류주를 얻을 수 있다.
예) 9ℓ의 발효주면 3ℓ의 증류주를 취한다.
두 번째 3 : 넣는 술 도수의 3을 곱한 도수의 증류주를 얻을 수 있다.
예) 15°의 발효주면 45°의 증류주를 얻을 수 있다.
세 번째 3 : 2차 증류주 내릴 때에도 1/3정도 증류주를 받으면 멈춘다. 그리고 후류(증류 중 1/3정도 받고 그 후에 받는 것)는 별도로 받아 향이 좋으면 사용하고 향이 좋지 않고 맛이 없으면 재증류 하거나 버린다.(이때 후류는 불을 붙여도 붙지 않는다.)

5. 소주 고리 선택 시 고려사항
증류부와 냉각부가 길어야 한다. 짧을 경우 하얗고 탁한 술이 나온다. 증류부 하단 받침대에 구멍이 있는데 하나보다 여러 개 뚫린 것이 좋다. 구멍 윗부분에 쑥 등 약재를 넣고 증숙시켜 약효와 향이 좋은 증류주를 취할 수 있기 때문이다.

6. 약재 첨가 증류주 만드는 방법
약재를 증류할 술에 넣고 증류를 하는 방법, 약재를 증류부 하단 받침대에 넣고 증숙시키며 증류하는 방법, 증류주가 떨어지는 고리 밑에 약재를 놓고 술을 흘려 약재 증류주를 얻는 방법 등 약효를 얻는 방법에 따라 달리 할 수 있다.

7. 증류주의 저장
증류한 소주는 자극적인 냄새가 나기 때문에 오랜 숙성기간을 거쳐 제거하여야 한다. 이러한 자극성 있는 냄새는 그 안에 유성물질(油性物質)이 있기 때문으로 이를 제거하려면 5~8℃를 유지하여 12시간 정도 냉각 후 면보 또는 활성탄으로 여과시키면 제거된다. 일반적으로 증류주는 저장 숙성하면 품질이 좋아진다.

8. 증류소주의 응용방법
약재 침출 후 사용 : 비싼 약재, 약성분이 잘 우러나지 않는 약재 등은 증류식 소주에 침출 후 과하주로 사용하면 향이 살아있다.
완성된 술에 증류식 소주 첨가 : 좀 더 단백하고 깔끔한 술 제조시 완성된 술에 증류주를 혼합 후 1개월간 숙성 뒤 사용한다.
일반 발효주에 여분의 증류주 혼합 : 꼭 과하주 제조법이 아니더라도 일상적으로 빚는 술에 증류주를 혼합하여 맑고 깔끔한 술 제조

증류란?

증류는 여러 성분의 액체 혼합물로부터 비점(끓는 점)의 차이를 이용하여 목적물을 분리 또는 농축하는 조작을 말한다. 순물질은 각각 고유의 비점을 가지고 있어 비점이 낮은 물질은 높은 물질에 비해 증기압이 높고 증발하기 쉬운 성질을 갖고 있다. 이 때문에 혼합용액을 가열 비등(액체가 끓어오름)시켜 유출되는 증기를 응축시키면 원래의 용액에 비해 비점이 낮은 풍부한 액을 얻을 수 있다.

다시 말해 알코올 수용액을 가열하면 알코올 농도에 따라 일정 온도에서 비등하며 이때 발생하는 증기의 알코올 농도는 다음 [표]와 같이 원래의 알코올 수용액의 알코올 농도보다 높게 된다. 따라서 이 증기를 냉각 액화하면 원래의 알코올 수용액보다 알코올 농도가 높은 액체를 얻을 수 있다.

[표] 알코올 수용액과 증기의 알코올 농도

수용액의 알코올(%)	비점(C)	증기의 알코올(%)
0	100	0
1	99	9.4
5	95.9	40.0
10	92.6	55.5
20	88.3	68.5
50	82.8	81.5
70	80.8	85.5
97.27	78.15	97.27

1. 증류 방법

가압증류 상온에서 가스 상태의 물질은 가압하여 액체로 한 후 증류한다. 또한 상온에서 액체이더라도 비교적 비점이 낮고 냉각에 물을 사용하는 경우 등에 사용하며, 일반적으로 상압에서는 분리가 곤란한 물질이 증류압을 변화시키면 분리가 잘 되는 경우에 사용한다.(예 : 공기로부터 질소분리, 아세트 알데히드 증류)

상압증류 일반적으로 행해지는 증류로 압력의 변화 없이 보통압력에서 증류하는 것. 세계의 유명한 증류주는 모두 상압증류로 행해진다.

감압증류 압력을 낮게 하여 증류하는 방법으로 비점이 높아 적당한 열원 또는 냉각매체를 구하기 어려운 물질의 증류에 사용한다. 대부분의 증류주 업체에서 사용하는 방식으로 맛이 균일하다. 이 증류방식은 증류기에서 공기를 빼내어 압력을 낮게 함으로써 대부분 술이 낮은 온도에서 끓게 되어 수율이 높고 연료비가 절감되는 효과가 있다. 그러나 술이 단순 깔끔한 반면 풍만한 향을 구할 수 없어 세계 유수의 주류회사에서는 사용하지 않는 방식이다. 최근에는 감압증류를 사용하였던 일본에서조차 상압증류를 혼용하는 방식이 성행되고 있다.

2. 가열 방식

직접가열방식 증기를 직접 술덧에 불어 넣는다. 점성이 높은 술덧에 적합하다. 상압증류에 사용한다.

간접가열방식 코일에 증기를 통하여 간접적으로 술덧을 가열한다. 감압증류 또는 점성이 낮은 술덧에 적합하다.

직간접 병용방식 증류 초기에는 직접 증기를 불어 넣고 중간에 간접 가열로 바꾸거나 병용한다. 각각 단독으로도 사용이 가능하다.

3. 증류의 역사

발효주는 기원전 4000~5000년경부터 마셔 왔지만 소주, 위스키, 브랜디 등의 증류주는 그 역사가 그리 길지 않다. 왜냐하면 액체를 기화시킨 후 냉각, 액화시키는 증류조작이 필요하므로 그런 기술이 확립되어 마시기까지 오랜 세월이 필요하기 때문이다.

증류의 시작은 메소포타미아 지방에서 증류기가 발견된 것이 기원전 3500년경으로 추정되고 향수의 증류에 사용되었던 것으로 추측할 뿐이다. 그러다가 증류기술이 오늘날처럼 여러 방면에서 사용할 수 있게 된 것은 페르시아인을 중심으로 한 연금술사들이 그들의 불로장수 약으로서 생명의 물을 연구하던 중 알코올을 발견하고 단식증류기를 사용하면서부터다.

우리나라에서 소주는 징기스칸의 손자인 쿠빌라이가 일본원정을 목적으로 한반도에 진출한 후 몽고인의 전초기지인 개성과 안동, 제주도 등지에서 빚어지기 시작했다. 조선초기까지만 해도 소주는 백성들이 널리 마시는 단계는 아니었으며, 일부 사대부 집에서나 음용하는 수준이었으나 중종 19년(1524년)에는 이미 민간에도 소주가 널리 유포되었다.

    소주 제조는 지역에 따라 다소 차이는 있으나 누룩을 써서 발효주를 빚었고 고리를 사용하여 증류를 하는 방식이었으나 일제시대에는 재래식 고리 대신 일본식 사께를 만들 때 쓰는 양조용 시루를 사용해서 입국을 만들어 술을 빚고 재래식 고리에는 냉각사관을 붙여 쓰게 되었다. 1961년 주세법이 개정되어 소주는 증류식과 희석식 소주로 구분되었고 1965년을 기점으로 우리나라는 옛 증류식소주는 거의 없어지고 희석식소주가 그 중심에 서게 되었다.

과하주 過夏酒

1670년대 《음식디미방飮食知味方, 규곤시의방閨壼是議方》에 처음으로 과하주 제조법이 등장한다. 서양의 셰리와인과 포트와인보다도 100여년이 앞서 세계 최고의 술로 평가된다.

《음식디미방》에 기록된 최초의 과하주 제조법
누룩 2되에 탕수 한 병을 식혀 부어 하룻밤 재여 두었다가 위에 있는 것은 따로 주물러 체에 받되 식힌 물 더 부어 걸러 찌꺼기는 버리고 찹쌀 한 말 백세하여 가장 익게 쪄 식거든 그 누룩 물에 섞어 넣었다가 사흘 만에 좋은 소주 열 복자를 부어 두면 맵고 다니라, 칠일 후 쓰라. (한 병 = 4ℓ 정도, 한 복자 = 800ml 정도)
《음식디미방》은 경북 안동과 영양일대에 살았던 정부인 안동 장씨(1598~1680)에 의해 기록된 최초의 한글 조리서이다. '디미'라고 하는 것은 '지미'(알지,知) (맛미 味)로 고어에서는 '지' 발음을 '디'로 했기 때문에 '지미방'이 '디미방'이 된 것이다. 즉, 《음식디미방》은 음식의 맛을 아는 방법이라는 의미를 가지고 있다.

과하주 함께 빚기

역주방문에 등장하는 과하주 제조법으로 과하주를 만들어 보자. 역주방문에 나오는 술 빚기는 단양주에 의해 빚은 발효주에 증류주를 섞는 과하주이다.

〈재료〉
찹쌀 5ℓ, 누룩 600g, 물 3ℓ, 증류주 25% 5ℓ

〈도구〉
발효조, 나무주걱 등

〈준비하기〉
수곡 만들기
    물 3ℓ를 끓여 식힌다. 끓여 식힌 물 1.5ℓ를 따로 받아 놓는다.(나머지 1.5ℓ는 보관)
    1.5ℓ 물에 누룩 600g을 넣어 6시간 담가둔 후 체에 걸러 누룩 찌꺼기를 걸러 낸다.

과하주는 효소의 활성화에 목적을 둔다
발효주는 효모에 의한 알코올 생성에 주목적을 둔다면 과하주는 알코올 보다 당화에 더 중점을 두고 빚는다. 주모의 목적이 효모 증식이라면 과하주의 목적은 효소의 활성화 이다.

증류주 넣어주는 시기
덧술 할 때 증류주를 넣어주는데 좀 드라이한 술을 빚고자 하면 덧술 2~3일후 넣어준다. 맑고 깨끗한 술이 떠오르게 된다.
증류주를 덧술 7일 이후 넣어 주면 증류주와 발효주가 잘 융화가 되지 않아 탁한 술이 되고 만다. 주의하여야 할 사항이다.

함께 빚기

1. 찹쌀 고두밥 만들기 : 막걸리편 참고

2. 누룩 물과 고두밥 혼합하기

앞서 만든 누룩 물 1.5ℓ와 식힌 물 1.5ℓ 그리고 식힌 고두밥을 혼합한다. 혼합할 때는 물이 쌀알에 다 흡수되도록 잘 버무려 주어야 한다.

보통 고두밥에 끓는 물 1.5ℓ을 부어 더 호화시켜 식힌 다음 사용하는데 여기서는 식힌 찬물을 사용하고 있다.

3. 발효시키기

술덧을 발효통에 담고 25도에서 발효시켜 2일 후에 증류주를 붓는다.

4. 2일 후 증류주 붓기

빚어 놓은 술에 2일 후 알코올 도수 25% 증류주를 부어 혼합하고 발효시킨다. 맑은 술이 뜨면 거른다.

과하주는 숙성기간이 중요하다
처음에는 증류주 특유의 향이 나기 때문에 3~6개월 이상 숙성 후 음용하여야 과하주 제 맛을 즐길 수 있다.

발효주에 높은 도수의 알코올 증류주를 섞으면 어떠한 현상이 발생할까?
발효주에 증류주를 넣어 혼합하면 발효주에 있는 효모가 알코올에 의해 기능이 상실되어 더 이상의 발효는 진행되지 못하는 반면 효소에 의해 계속 전분이 당으로 분해되기 때문에 단맛이 강한 술이 만들어진다.
효소는 물질이기 때문에 알코올의 도수에 영향을 받지 않으나 효모는 미생물이기 때문에 독한 알코올에는 영향을 받는다.
알코올 도수는 증류주에 의해 맞춰지지만 당이 알코올로 다 변하지 않았기 때문에 매우 단맛이 강한 술이 된다. 따라서 단맛을 줄이기 위해 증류주 넣는 시기를 늦추거나 단양주에서 이양주 또는 삼양주로 빚은 후 증류주를 넣어 주는 방법을 사용하기도 한다.

과하주의 적정 도수
18%의 과하주가 발효주와 비슷한 맛을 느끼게 해서 좋다.
발효주보다 더 깊고 풍부한 맛을 낸다.

과하주에 넣어주는 증류주 양 결정하는 기준

덧술 때 넣는 고두밥을 기준으로 증류주의 양을 결정한다. 밑술에서 13%의 술 10ℓ가 만들어졌을 때 덧술 시 찹쌀 1말을 넣으면서 증류주 25%짜리 13ℓ를 넣어 주면 과하주의 도수는 18%가 된다.(찹쌀은 약 8ℓ의 술량 생산) 이를 공식으로 표시하면 다음과 같다.

공식 (A술과 B술을 혼합하였을 때의 알코올 도수 계산 방법)

$$\frac{(A\ 술\ 양 \times 알코올\ 도수) + (B\ 술량 \times 알코올\ 도수)}{(A\ 술량 + B\ 술량)} = 제조\ 알코올\ 도수$$

계산식

$$\frac{(18ℓ \times 13\%) + (13ℓ \times 25\%)}{(18ℓ + 13ℓ)} = 18\%$$

1. 삼양주 17% 18ℓ에 증류주 25%를 얼마 부으면 20%의 술이 만들어 질 수 있나? 삼양주로 과하주 만드는 방법이다.

$$\frac{(18ℓ \times 17\%) + (\chi ℓ \times 25\%)}{18ℓ + \chi ℓ} = 20\%$$

계산식에서 χ는 10.8ℓ가 나온다. 따라서 25%의 증류주 10.8ℓ를 기존의 술에 넣어 주면 20%짜리 과하주가 만들어지게 된다.

2. 16도 짜리 전통주 18ℓ를 8도 짜리 막걸리로 만들고자 한다. 물을 몇 ℓ 가수해 주면 되나?

$$\frac{16 \times 18 + \chi \times 0}{16 + \chi} = 8$$

위 계산식을 풀면 χ의 물양은 20ℓ가 나온다. 따라서 전통주 16%의 18ℓ의 술에 물 20ℓ를 넣으면 8%의 막걸리를 만들 수 있다.

과하주란

1. 과하주의 탄생배경

고려 말 증류주 도입
징기스칸의 손자인 쿠빌라이가 일본원정을 목적으로 한반도에 진출한 후 몽고인의 전초기지인 개성과 안동, 제주도 등지에서 증류주를 빚게 되면서 이를 이용한 과하주가 탄생되게 되었다.

뚜렷한 사계절의 기후
증류주가 도입되기 이전부터 발효주가 음용되어 왔으나 항상 문제로 제기된 것이 저장성의 한계였다. 특히 예전에는 냉장고가 없었기 때문에 여름철에는 술 보관 문제가 심각할 수밖에 없었을 것이다. 그러다 고려 말부터 빚기 시작한 증류주는 높은 저장성으로 각광을 받게 되었다. 과하주는 이러한 과정 중에 탄생된 술이다. 발효주의 풍부한 맛을 유지하면서 오래 저장이 가능한 술을 염원해 오던 우리 조상들의 노력과 지혜가 한데 어울려 과하주를 탄생시킨 것이다. 과하주가 조선말에 유행하기 시작한 것은 결코 우연이 아니다.

발효주의 장점과 증류주의 장점을 혼합
발효주는 맛과 향이 깊고 풍부하며 오묘하고 다양한 느낌이 어울려진 술이기는 하지만 알코올 도수의 한계로 인해 오랜 저장에 문제가 있었다. 이에 반해 증류주는 발효주에 비해 맛과 향이 단순하고 깊이가 덜한 반면 높은 알코올 도수로 인해 저장성에서 뛰어난 장점을 가지고 있다.

　이렇게 두 가지의 장점을 혼합하여 하나의 술로 만든 것이 과하주이다. 과하주는 발효주의 다양한 맛과 깊은 향을 즐길 수 있으면서 오래 두고 마실 수 있는 우수한 저장성을 동시에 가지고 있다.

2. 과하주란 무엇인가?

서울식 과하주
과하주過夏酒는 한자 뜻대로 여름을 날 수 있는 술로 알코올 도수가 높아 저장성이 높은 술을 의미해 왔으며, 통상 발효주에 증류주를 혼합하여 알코올 도수가 높은 술을 과하주라고 불러 왔다. 그런데 서울식 과하주라고 한 것은 김천식 과하주와 차이를 두기 위해 지역의 이름을 따서 서울식이라고 표현해 온 것 같다.

김천식 과하주
술 빚는 마을의 우물 명칭인 과하천過夏泉의 물을 이용하여 빚은 술을 과하주라고 칭하였는데 1930년 한일합작인 김천주조주식회사가 설립되어 과하주와 약주, 탁주를 제조하여 판매했다는 기록이 남아 있으며, 1945년 2차 대전 종식으로 회사가 문을 닫게 됨으로서 김천 과하주의 명맥이 잠시 끊어졌으나 1987년 경북 무형문화제 11호로 지정되어 현재 송재성씨 아들 송강호씨가 대를 잇고 있다.

전주 과하주
세조 때 우의정 김관(1425~1485)이 중국에 갔을 때 사신 접대용으로 제공한 과하주를 접하게 되어 그 비방을 가져와 언양 김씨 가양주로 정착되었다.

전남 강하주
과하주가 전래되어 강하주라고 불리게 된 것으로 보인다. (시기를 알 수 없음.)

　이렇게 여러 가지로 나뉘어 과하주라는 이름의 술이 존재하였으나 《음식디미방》에 소개되고 혼양주로서 과하주는 '서울식 과하주'를 칭한다고 보면 되고 김천식 과하주는 이름이 과하주이지 사실은 발효주에 불과하다고 보면 된다. 그러나 최근에는 김천식 과하주에

서도 서울식 과하주처럼 발효주에 증류주를 혼합한 과하주를 생산하고 있다.

3. 과하주 위치

발효주 포도나 사과 등의 당질원료 또는 곡물과 같은 전분질 원료가 효모에 의해 알코올과 탄산가스로 변하는 일련의 과정을 거쳐 생성된 알코올 음료
증류주 비점의 차이를 이용하여 혼합물질에서 순물질을 얻는 것을 증류라 하고 발효주와 같이 알코올이 혼합된 술을 증류한 것
혼성주 발효주나 증류주에 과실 및 약재 등을 첨가하여 빚는 술
혼양주 발효주에 증류주를 혼합하여 빚어지는 술, 과하주

4. 과하주의 장단점

장점 저장성, 맛, 다양성, 안정성
증류주의 혼합으로 알코올 도수가 높아 높은 온도에서도 쉽게 변질되지 않는다. 증류주의 강한 맛이 약해져 알코올 도수가 높아도 맛이 부드럽고 발효주의 깊고 다양한 향을 즐길 수 있다.
　　증류주의 종류, 증류주를 넣는 시기, 증류주의 알코올 도수 등에 따라 수십, 수 백 가지의 과하주 제조가 가능하다. 발효과정 중에 일어날 수 있는 술의 변질을 막아 안전한 술 제조가 가능하다.
단점 경제성
술 제조시 증류주가 필요하기 때문에 제조 비용이 많이 올라간다.

5. 과하주 제조 원리

발효과정에서 증류주 혼합　단양주, 이양주, 삼양주의 제조과정 중 증류주를 혼합하여 술덧의 알코올 도수를 상승시킨다.

알코올 도수 상승으로 인한 효모의 생육 저하
알코올의 도수 상승으로 효모가 사멸하거나 생육이 저하된다.

효모의 생육저하와 효소의 당화　효모는 미생물이기 때문에 높은 알코올 도수로 인해 생육이 저하되나 효소는 미생물이 분비하는 물질이기 때문에 거의 영향을 받지 않고 계속 당화를 진행한다.

당도 증가로 인한 증류주의 쓴맛 감소　효소의 당화진행으로 인해 매우 단술이 만들어지고 이로 인해 증류주의 쓴맛이 감소된다.

6. 과하주 제조 시 사용하는 증류주의 알코올 도수

중품소주를 사용한다. 알코올 도수 20~30%의 증류주 사용, 25%를 기준으로 한다.

　　25%의 증류주 사용 시 완성된 술의 알코올 도수는 18~20%이다.
　　30%의 증류주 사용 시 완성된 술의 알코올 도수는 20~25%이다.

알코올 도수 측정

술이 만들어지면 알코올 도수를 측정해 보는 것이 필요하다. 과연 내가 마시는 술이 몇 도의 술인지 정확히 아는 것은 자신이 빚은 술에 대한 자부심과 타인에 대해 신뢰심을 심어주는데 무엇보다 중요하다고 본다. 이번 장에서는 알코올 도수를 측정하는 방법을 자세히 설명하고자 한다.

모든 발효주는 발효주 자체로 알코올 도수를 측정할 수 있는 것이 아니라 일단 증류주로 만든 다음 측정이 가능한 것이기에 증류주를 만드는데 필요한 도구가 준비되어야 한다.

주정계는 물과 알코올만 있을 경우에 정확하게 측정을 할 수 있으므로 주정계를 띄우기 전에 증류를 해야 한다.

〈재료〉
측정할 발효주, 물

〈도구〉
주정계, 메스실린더(100ml), 비이커, 석면망, 수중펌프 등 실험도구

측정하기

알코올 증류

  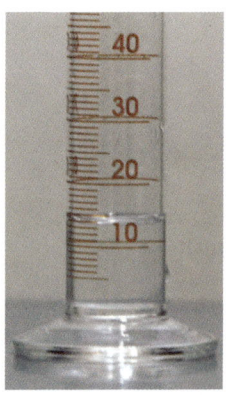

1 알코올 도수를 측정하고자 하는 발효주 100ml를 메스실린더에 정확히 100ml 눈금까지 담는다.

2 메스실린더의 발효주 100ml를 500ml 삼각플라스크(증류부)에 넣어준다.

3 증류수(증류수가 없으면 물을 사용) 15ml를 메스실린더에 부어 정확히 측정한 다음 메스실린더를 흔들어 내부에 있을 알코올을 헹구어 준 후 삼각플라스크에 넣어준다.

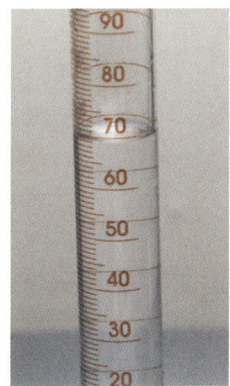

4 다시 증류수(물) 15ml를 메스실린더에 부어 정확히 측정한 다음 흔들어 헹구어 준 후 삼각플라스크에 넣어준다.
물을 두 번 나누어 메스실린더에 넣어 주는 이유는 메스실린더에 있을 수 있는 알코올까지 증류하기 위해서이다. 세척할 때에는 입구를 손바닥으로 막고 흔들어 헹구어 준다.

5 냉각기와 펌프를 이용하여 냉각수를 가동시킨다. 발효주가 램프 열에 의해 기화된 기체가 냉각기를 거치면서 액체로 변하여 증류주가 만들어진다. (냉각수의 온도는 15~25℃이어야 한다.)

6 삼각플라스크(증류부)에 열을 가한다.

7 증류액을 70ml 받으면 증류를 중지한다.(약 20분 내외 소요)

알코올 도수 측정

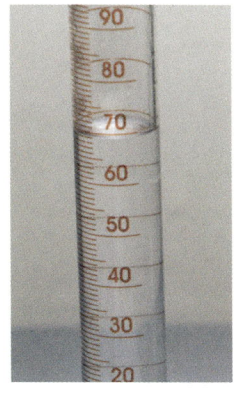 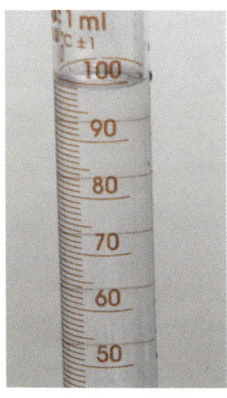 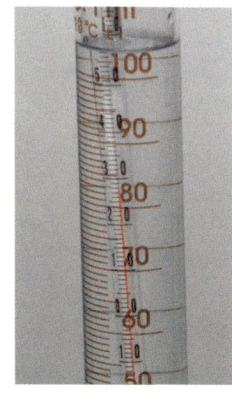 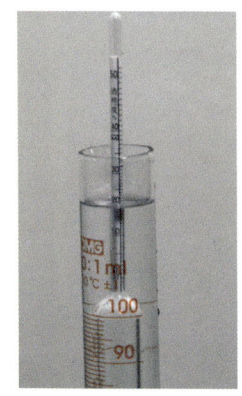

1 증류액 70ml을 메스실린더에 붓는다.

증류액을 처음부터 메스실린더로 받는다면 정확하게 70ml를 받을 수 있어 편리하다.

2 증류주 70ml에 물 30ml을 넣어 총 100ml을 만들고 잘 저어 혼합해 준다.

3 일반 막대 온도계를 이용하여 증류주의 온도를 측정한다.

4 주정계를 띄워 주정계와 증류주가 맞닿는 지점의 온도를 잰다.

5 주정계와 메스실린더에 들어있는 증류주의 맨 위와 맞춘다.
6 증류주 온도 15℃에서 주정계를 사용하여 측정한다.
7 온도가 15℃가 아닐 경우 보정표를 이용하여 도수를 측정한다. 실험 발효주의 도수는 주정계가 20°인데 온도는 25℃이기 때문에 보정표를 통한 보정시 17.1°가 된다.

주정계 사용, 보정 방법

주정계는 증류주의 온도 15℃를 기준으로 만들어졌다. 술의 온도가 15℃라면 주정계에 표시되는 알코올 도수가 측정하고자 하는 술의 도수가 된다.

물론 증류주를 냉장고에서 냉각하여 15℃로 만들면 주정계가 가리키는 도수가 그 술의 도수가 되겠으나 그렇지 못한 경우가 대부분이기에 보정표를 이용하여 정확한 술의 도수를 측정하게 된다.

만일 주정계의 도수가 35°가 나왔고 온도가 24℃라면 보정표를 보면서 세로줄에 있는 온도의 24℃와 가로의 알코올 도수 35°가 서로 만나는 지점의 숫자가 그 술의 정확한 도수가 된다.

알코올 도수 보정표(부록 참고)를 보면 온도 24℃와 알코올 도수 35°가 서로 만나는 지점의 도수가 31.3°를 나타내고 있다. 이것을 달리 말을 하면 이 술을 15℃로 냉각을 시켰다면 주정계는 31.3°를 가리킨다는 의미이다.

온도에 따라 알코올 도수가 다르기 때문에 이렇게 달리 적용하는 것이다.

증류를 했는데 60ml밖에 받지 못했을 경우

증류의 목적이 발효주 100ml 중 알코올이 몇 % 들어 있는지 알기 위함이므로 60ml의 증류주만을 얻었다면 물 40ml를 추가로 넣어 100ml을 맞추어 준 다음 주정계를 띄워 발효주의 도수를 측정하여야 한다.

일반 증류주 또는 소주류는 어떻게 도수를 측정하나?

일반 증류주 또는 소주는 이미 양이 많으나 적으나 일정한 알코올의 농도가 들어 있기 때문에 메스실린더에 넣고 주정계를 띄워 15℃에서 알코올 도수를 측정하면 된다. 앞의 발효주 측정하는 방법처럼 물을 추가로 넣어 100ml를 맞추어줄 필요가 없다.

증류를 거친 소주는 별도의 증류절차가 필요 없이 주정계에 의해 알코올 도수를 측정할 수 있다. 물론 이것도 온도 15℃를 기준으로 한다.

주정계가 표시하는 도수는 증류주 온도 15℃ 기준임을 명심하자!

• 06 •

부록

식초 함께 담그기

감 식초

1. 홍시나 홍시가 되려고 하는 감을 골라 감의 꼭지를 따고 항아리에 채운다. 7~10일 나두면 표면이 하얗게 변한다.(초산)
2. 이 때 청주 2ℓ (감이 5kg일 때)을 부어준다. 항아리는 따뜻한 곳에 나둔다.
3. 1개월 숙성 후 사용한다.

복숭아 식초

1. 항아리에 복숭아(씨 포함)를 넣어 둔다. 물렁물렁 될 때 꺼내 씨앗을 빼내고 다시 항아리에 복숭아를 담는다.
2. 청주 2ℓ (복숭아가 5kg일 때)을 부어준다. 항아리는 따뜻한 곳에 나둔다.
3. 1개월 숙성 후 사용한다.

매실 식초

1. 항아리에 매실(씨 포함)를 넣어 둔다. 물렁물렁 될 때 꺼내 씨앗을 빼내고 다시 항아리에 매실를 담는다.
2. 청주 2ℓ (매실이 5kg일 때)을 부어준다. 항아리는 따뜻한 곳에 나둔다.
3. 1개월 숙성 후 사용한다.

복분자 식초

1. 복분자를 항아리에 넣고 청주 청주 2ℓ (복분자가 5kg일 때)을 부어준다. 항아리는 따뜻한 곳에 놔둔다.
2. 1개월 숙성 후 사용한다.

곡물 식초

준비 : 현미 4ℓ, 누룩양은 400g, 물 양 6ℓ

현미로 만드는 식초

현미는 효소가 분해하기 어려운 곡물이다. 백미 또는 찹쌀과는 달리 침수를 오래해주고 찔 때도 오래 쪄 주어야 한다. 그래도 잘 익지 않는 것이 현미이다.
아무리 식초를 만드는 술은 산패가 되어야 한다지만 적당한 알코올 도수와 좋은 맛을 가진 술이 만들어져야 좋은 식초가 만들어진다고 볼 때 술 빚기에 신경을 써야 한다.

1. 현미를 깨끗이 씻고 물에 8시간 침수를 한 다음 30분 물을 뺀 후 김 나오고부터 1시간 이상 고두밥을 쪄주고 식힌다.
2. 고두밥이 식었으면 곱게 빤 누룩과 물을 넣고 혼합을 잘 해준다. 이 때 물은 탕수로서 고두밥에 붓고 물이 잘 스며들도록 해주며, 물이 스며들었으면 발위에 펼쳐 식힌다. 고두밥이 식었으면 누룩을 넣고 혼합을 열심히 해 준다.
3. 온도 30℃에서 술을 항아리에서 발효시킨다. 술 빚을 때의 정상적인 온도보다 높은 상태에서 빚는다.
4. 술을 앉힌지 10일 정도 되어 맑은 술이 떠오르게 되면 채주를 한다. 2일에 한번씩 저어주면 빠른 당화작용과 고른 발효를 유도할 수 있다.
5. 술을 채주하여 별도의 소독된 항아리에 앉히는데 이를 '초를 앉힌다'고 한다.
6. 초를 앉힐 때는 초산의 침투가 용이하도록 항아리의 뚜껑을 면보로 덮고 고무줄로 감아준다.
7. 공기가 잘 통하고 햇볕이 들지 않는 곳에서 앉히되 온도는 30~35℃를 유지해 준다.
8. 매일 식초 항아리를 가슴에 안고 흔들어 준다. 초산균이 식초 표면에 엷은 초막을 형성하는데 이것을 흔들어서 초산의 침투를 용이하게 하고 발효를 촉진시킬 필요가 있다.
9. 좋은 식초를 얻기 위해서는 1년 정도의 시간이 필요로 하며, 제대로 된 흑초를 얻기 위해서는 3년은 소요해야 된다.
10. 천연 현미식초는 시중의 식초와는 달리 강한 느낌은 없다. 그러나 구수하면서 텁텁한 맛이 일품이다.

식초란?

식초는 아세트산 발효(산화발효)라고 한다.(Acetic acid fermentation) 식초라는 것은 근본적으로 술이 실패되는 경우에 발생하는 산화발효이다. 술은 왜 실패를 하는가는 앞에서 우리는 충분히 검토한 바 있다. 술이 오염되어 신술의 실패한 상태가 되면 초산 발효가 일어나 더욱더 시어지고 끝내는 식초가 되고 만다.

1. 식초가 되기 위한 조건
적정 온도 30~35℃
알코올 도수 5°~10°
발효 상태 술 표면에 흰막이 생긴다.

2. 술이 식초가 되는 이유
초산균이 좋아하는 환경 조성(알코올 도수 5~10°)
물 양이 많다. (물의 희석으로 알코올 도수가 낮다.)
누룩이 적다. (효소 및 효모수의 부족으로 알코올 발효가 더디다.)
곡물이 덜 익었다.(효소의 분해력 저하로 알코올 도수가 낮다.)
온도가 매우 높다.(효모의 활성화 방해로 알코올 도수가 낮다.)

3. 식초의 종류
합성식초 순도 90~95%인 에틸알코올에 석유에서 추출한 빙초산을 가공한 후 맛을 돕기 위하여 펩톤, 폴리펩티드, 인산, 칼륨, 마그네슘, 칼슘, 물엿 등을 가미한 공업용으로 제조된 것
양조식초 주정에 초산균을 혼입한 뒤 질소 함유물이나 무기염을 첨가한 뒤에 다시 발효를 시킨 것
전통식초 전통주를 이용하여 식초를 만든 것으로 우리 몸에 좋은 각종 아미노산, 구연산, 주석산 등이 풍부하여 간장의 해독 등이 뛰어나다.

4. 발효의 종류
알코올 발효 효모가 당을 이용하여 알코올과 탄산가스를 생성하는 일련의 과정
젖산 발효 젖산균이 포도당을 이용하여 젖산을 만드는 일련의 과정
초산 발효 초산균이 알코올을 이용하여 초산(식초)를 만드는 일련의 과정

알코올 도수 보정표

온도 °C	주 정 분(용 량 %)																
	1.0	2.0	3.0	4.0	5.0	6.0	7.0	8.0	9.0	10.0	11.0	12.0	13.0	14.0	15.0	16.0	17.0
5.0	1.4	2.5	3.5	4.5	5.5	6.6	7.7	8.7	9.8	10.9	12.1	13.2	14.4	15.7	16.8	18.0	19.2
5.5												13.1	14.3	15.6	16.7	17.9	19.1
6.0												13.1	14.3	15.6	16.7	17.8	19.0
6.5												13.0	14.2	15.5	16.6	17.7	18.9
7.0												13.0	14.2	15.4	16.6	17.7	18.8
7.5												13.0	14.1	15.3	16.5	17.6	18.7
8.0												13.0	14.1	15.3	16.4	17.5	18.6
8.5												12.9	14.0	15.2	16.3	17.4	18.5
9.0												12.9	14.0	15.1	16.2	17.3	18.4
9.5												12.9	14.0	15.0	16.1	17.1	18.2
10.0	1.4	2.4	3.4	4.5	5.5	6.5	7.5	8.5	9.5	10.6	11.7	12.7	13.8	14.9	16.0	17.0	18.1
10.5	1.3	2.4	3.4	4.4	5.4	6.4	7.4	8.4	9.4	10.5	11.6	12.6	13.7	14.8	15.9	16.9	18.0
11.0	1.3	2.4	3.4	4.4	5.4	6.4	7.4	8.4	9.4	10.5	11.6	12.6	13.6	14.7	15.8	16.8	17.9
11.5	1.2	2.3	3.3	4.3	5.3	6.3	7.3	8.3	9.3	10.4	11.5	12.5	13.5	14.6	15.7	16.7	17.8
12.0	1.2	2.3	3.3	4.3	5.3	6.3	7.3	8.3	9.3	10.4	11.5	12.5	13.5	14.6	15.6	16.6	17.6
12.5	1.2	2.2	3.2	4.2	5.2	6.2	7.2	8.2	9.2	10.3	11.4	12.4	13.4	14.5	15.5	16.5	17.5
13.0	1.2	2.2	3.2	4.2	5.2	6.2	7.2	8.2	9.2	10.3	11.4	12.4	13.4	14.4	15.4	16.4	17.4
13.5	1.1	2.1	3.1	4.1	5.1	6.1	7.1	8.1	9.1	10.2	11.3	12.3	13.3	14.3	15.3	16.3	17.3
14.0	1.1	2.1	3.1	4.1	5.1	6.1	7.1	8.1	9.1	10.2	11.2	12.2	13.2	14.2	15.2	16.2	17.2
14.5	1.0	2.0	3.0	4.0	5.0	6.0	7.0	8.0	9.0	10.1	11.1	12.1	13.1	14.1	15.1	16.1	17.1
15.0	1.0	2.0	3.0	4.0	5.0	6.0	7.0	8.0	9.0	10.0	11.0	12.0	13.0	14.0	15.0	16.0	17.0
15.5	0.9	1.9	2.9	3.9	4.9	5.9	6.9	7.9	8.9	9.9	10.9	11.9	12.9	13.9	14.9	15.9	16.9
16.0	0.9	1.9	2.9	3.9	4.9	5.9	6.9	7.9	8.9	9.9	10.9	11.9	12.9	13.8	14.9	15.9	16.9
16.5	0.8	1.8	2.8	3.8	4.8	5.8	6.8	7.8	8.8	9.8	10.8	11.8	12.8	13.7	14.8	15.7	16.7
17.0	0.8	1.8	2.8	3.8	4.8	5.8	6.8	7.8	8.8	9.8	10.8	11.7	12.7	13.6	14.7	15.6	16.6
17.5	0.7	1.7	2.7	3.7	4.7	5.7	6.7	7.7	8.7	9.7	10.7	11.6	12.6	13.5	14.6	15.5	16.4
18.0	0.7	1.7	2.7	3.7	4.7	5.7	6.7	7.7	8.7	9.7	10.7	11.6	12.5	13.4	14.5	15.4	16.3
18.5	0.6	1.6	2.6	3.6	4.6	5.6	6.6	7.6	8.6	9.6	10.6	11.5	12.4	13.3	14.4	15.3	16.2
19.0	0.6	1.6	2.6	3.6	4.5	5.5	6.5	7.5	8.5	9.5	10.5	11.4	12.4	13.2	14.3	15.2	16.1
19.5	0.5	1.5	2.5	3.5	4.4	5.4	6.4	7.4	8.4	9.4	10.4	11.3	12.3	13.1	14.1	15.0	15.9
20.0	0.5	1.5	2.4	3.4	4.4	5.4	6.4	7.3	8.3	9.3	10.3	11.2	12.2	13.0	14.0	14.9	15.8
20.5	0.4	1.4	2.3	3.3	4.3	5.3	6.3	7.2	8.2	9.2	10.2	11.1	12.0	12.9	13.8	14.7	15.6
21.0	0.4	1.4	2.3	3.3	4.3	5.2	6.2	7.1	8.1	9.1	10.1	11.0	11.9	12.8	13.7	14.6	15.5
21.5	0.3	1.3	2.2	3.2	4.2	5.1	6.1	7.0	8.0	9.0	10.0	10.9	11.8	12.7	13.6	14.5	15.4
22.0	0.3	1.3	2.2	3.2	4.1	5.1	6.1	7.0	7.9	8.9	9.9	10.8	11.7	12.6	13.5	14.4	15.3
22.5	0.2	1.2	2.1	3.1	4.0	5.0	6.0	6.9	7.8	8.8	9.8	10.7	11.6	12.5	13.4	14.2	15.1
23.0	0.1	1.1	2.1	3.1	4.0	4.9	5.9	6.8	7.8	8.7	9.7	10.6	11.5	12.4	13.3	14.1	15.0
23.5		1.0	2.0	3.0	3.9	4.8	5.8	6.7	7.7	8.6	9.6	10.5	11.4	12.3	13.2	14.0	14.9
24.0		1.0	1.9	2.9	3.8	4.8	5.8	6.7	7.6	8.5	9.5	10.4	11.3	12.2	13.1	13.9	14.8
24.5		0.9	1.8	2.8	3.7	4.7	5.6	6.6	7.5	8.4	9.4	10.3	11.2	12.1	12.9	13.7	14.6
25.0		0.8	1.7	2.7	3.6	4.6	5.5	6.5	7.4	8.3	9.3	10.2	11.1	12.0	12.8	13.6	14.5

온도 ℃	주 정 분 (용 량 %)																
	18.0	19.0	20.0	21.0	22.0	23.0	24.0	25.0	26.0	27.0	28.0	29.0	30.0	31.0	32.0	33.0	34.0
5.0	20.4	21.5	22.7	24.0	25.2	26.4	27.6	28.8	30.0	31.0	32.1	33.1	34.1	35.1	36.1	37.1	38.1
5.5	20.3	21.4	22.5	23.8	25.0	26.2	27.4	28.6	29.8	30.8	31.8	32.8	33.8	34.9	35.9	36.9	37.9
6.0	20.2	21.3	22.4	23.6	24.9	26.0	27.2	28.4	29.6	30.6	31.6	32.6	33.6	34.7	35.7	36.7	37.7
6.5	20.1	21.1	22.2	23.4	24.7	25.9	27.0	28.2	29.4	30.4	31.4	32.4	33.4	34.4	35.4	36.4	37.4
7.0	20.0	21.0	22.1	23.3	24.6	25.8	26.9	28.0	29.2	30.2	31.2	32.2	33.2	34.2	35.2	36.2	37.2
7.5	19.8	20.8	21.9	23.1	24.4	25.5	26.7	27.8	29.0	30.0	31.0	32.0	33.0	34.0	35.0	36.0	37.0
8.0	19.7	20.7	21.8	23.0	24.2	25.3	26.5	27.6	28.8	29.8	30.8	31.8	32.8	33.8	34.8	35.8	36.8
8.5	19.6	20.6	21.7	22.8	24.0	25.1	26.3	27.4	28.6	29.6	30.6	31.6	32.6	33.6	34.6	35.6	36.6
9.0	19.5	20.5	21.6	22.7	23.9	25.0	26.1	27.2	28.4	29.4	30.4	31.4	32.4	33.4	34.4	35.4	36.4
9.5	19.3	20.3	21.4	22.5	23.7	24.8	25.9	27.0	28.1	29.2	30.2	31.2	32.2	33.2	34.2	35.2	36.2
10.0	19.2	20.2	21.3	22.4	23.5	24.6	25.7	26.8	27.9	29.0	30.0	31.0	32.0	33.0	34.0	35.0	36.0
10.5	19.1	20.1	21.1	22.2	23.3	24.4	25.5	26.6	27.7	28.8	29.8	30.8	31.8	32.8	33.8	34.8	35.8
11.0	19.0	20.0	21.0	22.1	23.2	24.3	25.4	26.5	27.6	28.6	29.6	30.6	31.6	32.6	33.6	34.6	35.6
11.5	18.9	19.8	20.8	21.9	23.0	24.1	25.2	26.3	27.4	28.4	29.4	30.4	31.4	32.4	33.4	34.4	35.4
12.0	18.7	19.7	20.7	21.8	22.9	24.0	25.1	26.1	27.2	28.2	29.2	30.2	31.2	32.2	33.2	34.2	35.2
12.5	18.6	19.6	20.6	21.6	22.7	23.8	24.9	25.9	27.0	28.0	29.0	30.0	31.0	32.0	33.0	34.0	35.0
13.0	18.5	19.5	20.5	21.5	22.6	23.6	24.7	25.7	26.8	27.8	28.8	29.8	30.8	31.8	32.8	33.8	34.8
13.5	18.3	19.3	20.3	21.3	22.4	23.4	24.5	25.5	26.6	27.6	28.6	29.6	30.6	31.6	32.6	33.6	34.6
14.0	18.2	19.2	20.2	21.2	22.3	23.3	24.4	25.4	26.4	27.4	28.4	29.4	30.4	31.4	32.4	33.4	34.4
14.5	18.1	19.1	20.1	21.1	22.1	23.1	24.1	25.1	26.2	27.2	28.2	29.2	30.2	31.2	32.2	33.2	34.2
15.0	18.0	19.0	20.0	21.0	22.0	23.0	24.0	25.0	26.0	27.0	28.0	29.0	30.0	31.0	32.0	33.0	34.0
15.5	17.9	18.8	19.8	20.8	21.8	22.8	23.8	24.8	25.8	26.8	27.8	28.8	29.8	30.8	31.8	32.7	33.7
16.0	17.8	18.7	19.7	20.7	21.7	22.7	23.7	24.7	25.7	26.6	27.6	28.6	29.6	30.6	31.6	32.5	33.5
16.5	17.6	18.5	19.5	20.5	21.5	22.5	23.5	24.5	25.5	26.4	27.4	28.4	29.4	30.4	31.4	32.3	33.3
17.0	17.5	18.4	19.4	20.4	21.4	22.4	23.4	24.4	25.4	26.3	27.3	28.2	29.2	30.2	31.2	32.1	33.1
17.5	17.4	18.3	19.2	20.2	21.2	22.2	23.2	24.2	25.2	26.1	27.1	28.0	29.0	30.0	31.0	31.9	32.9
18.0	17.3	18.2	19.1	20.1	21.1	22.0	23.0	24.0	25.0	25.9	26.9	27.8	28.8	29.8	30.8	31.7	32.7
18.5	17.1	18.0	18.9	19.9	20.9	21.8	22.8	23.8	24.8	25.7	26.7	27.6	28.6	29.6	30.6	31.5	32.5
19.0	17.0	17.9	18.8	19.8	20.8	21.7	22.7	23.6	24.6	25.5	26.5	27.4	28.4	29.4	30.4	31.3	32.3
19.5	16.8	17.7	18.6	19.6	20.6	21.5	22.5	23.4	24.4	25.3	26.3	27.2	28.2	29.2	30.2	31.1	32.1
20.0	16.7	17.6	18.5	19.5	20.5	21.4	22.4	23.3	24.3	25.2	26.1	27.1	28.0	29.0	30.0	30.9	31.9
20.5	16.5	17.4	18.3	19.3	20.3	21.2	22.2	23.1	24.1	25.0	25.9	26.9	27.8	28.8	29.8	30.7	31.7
21.0	16.4	17.3	18.2	19.1	20.1	21.1	22.1	23.0	23.9	24.8	25.7	26.7	27.6	28.6	29.6	30.5	31.5
21.5	16.3	17.1	18.0	18.9	19.9	20.9	21.9	22.8	23.7	24.6	25.5	26.5	27.4	28.4	29.4	30.3	31.3
22.0	16.2	17.0	17.9	18.8	19.8	20.7	21.7	22.6	23.6	24.4	25.3	26.3	27.2	28.2	29.2	30.1	31.1
22.5	16.0	16.8	17.7	18.6	19.6	20.5	21.5	22.4	23.4	24.2	25.1	26.1	27.0	28.0	29.0	29.9	30.9
23.0	15.9	16.7	17.6	18.5	19.5	20.4	21.4	22.3	23.2	24.0	25.0	25.9	26.8	27.8	28.8	29.7	30.7
23.5	15.8	16.6	17.5	18.4	19.3	20.2	21.2	22.1	23.0	23.9	24.8	25.7	26.6	27.6	28.6	29.5	30.5
24.0	15.7	16.5	17.4	18.3	19.2	20.1	21.0	21.9	22.8	23.8	24.6	25.5	26.4	27.4	28.4	29.3	30.3
24.5	15.5	16.3	17.2	18.1	19.0	19.9	20.8	21.7	22.6	23.5	24.4	25.3	26.2	27.2	28.2	29.1	30.1
25.0	15.4	16.2	17.1	18.0	18.9	19.8	20.7	21.6	22.5	23.3	24.3	25.2	26.1	27.0	28.0	28.9	29.9

온도 ℃	주 정 분 (용 량 %)																
	35.0	36.0	37.0	38.0	39.0	40.0	41.0	42.0	43.0	44.0	45.0	46.0	47.0	48.0	49.0	50.0	51.0
5.0	39.1	40.1	41.1	42.1	43.1	44.0	45.0	45.9	46.9	47.9	48.8	49.8	50.7	51.7	52.7	53.6	54.6
5.5	38.9	39.9	40.9	41.8	42.8	43.8	44.8	45.7	46.7	47.7	48.6	49.6	50.5	51.5	52.5	53.4	54.4
6.0	38.7	39.7	40.7	41.6	42.6	43.6	44.6	45.5	46.5	47.5	48.4	49.4	50.4	51.4	52.4	53.3	54.3
6.5	38.4	39.4	40.4	41.4	42.4	43.4	44.4	45.3	46.3	47.3	48.2	49.2	50.2	51.2	52.2	53.1	54.1
7.0	38.2	39.2	40.2	41.2	42.2	43.2	44.2	45.1	46.1	47.1	48.1	49.1	50.1	51.0	52.0	52.9	53.9
7.5	38.0	39.0	40.0	41.0	42.0	43.0	44.0	44.9	45.9	46.9	47.9	48.9	49.9	50.8	51.8	52.7	53.7
8.0	37.8	38.8	39.8	40.8	41.8	42.8	43.8	44.8	45.8	46.8	47.7	48.7	49.7	50.6	51.6	52.6	53.6
8.5	37.6	38.6	39.6	40.6	41.6	42.6	43.6	44.6	45.6	46.6	47.5	48.5	49.5	50.4	51.4	52.4	53.4
9.0	37.4	38.4	39.4	40.4	41.4	42.4	43.4	44.4	45.4	46.4	47.3	48.3	49.3	50.2	51.2	52.2	53.2
9.5	37.2	38.2	39.2	40.2	41.2	42.2	43.2	44.2	45.2	46.2	47.1	48.1	49.1	50.0	51.0	52.0	53.0
10.0	37.0	38.0	39.0	40.0	41.0	42.0	43.0	44.0	45.0	46.0	46.9	47.9	48.9	49.9	50.9	51.8	52.8
10.5	36.8	37.8	38.8	39.8	40.8	41.8	42.8	43.8	44.8	45.8	46.7	47.7	48.7	49.7	50.7	51.6	52.6
11.0	36.6	37.6	38.6	39.6	40.6	41.6	42.6	43.6	44.6	45.6	46.6	47.6	48.6	49.5	50.5	51.5	52.5
11.5	36.4	37.4	38.4	39.4	40.4	41.4	42.4	43.4	44.4	45.4	46.4	47.4	48.4	49.3	50.3	51.3	52.3
12.0	36.2	37.2	38.2	39.2	40.2	41.2	42.2	43.2	44.2	45.2	46.2	47.2	48.2	49.2	50.2	51.1	52.1
12.5	36.0	37.0	38.0	39.0	40.0	41.0	42.0	43.0	44.0	45.0	46.0	47.0	48.0	49.0	50.0	50.9	51.9
13.0	35.8	36.8	37.8	38.8	39.8	40.8	41.8	42.8	43.8	44.8	45.8	46.8	47.8	48.8	49.8	50.8	51.8
13.5	35.6	36.6	37.6	38.6	39.6	40.6	41.6	42.6	43.6	44.6	45.6	46.6	47.6	48.6	49.6	50.6	51.6
14.0	35.4	36.4	37.4	38.4	39.4	40.4	41.4	42.4	43.4	44.4	45.4	46.4	47.4	48.4	49.4	50.4	51.4
14.5	35.2	36.2	37.2	38.2	39.2	40.2	41.2	42.2	43.2	44.2	45.2	46.2	47.2	48.2	49.2	50.2	51.2
15.0	35.0	36.0	37.0	38.0	39.0	40.0	41.0	42.0	43.0	44.0	45.0	46.0	47.0	48.0	49.0	50.0	51.0
15.5	34.7	35.7	36.7	37.7	38.7	39.7	40.8	41.8	42.8	43.8	44.8	45.8	46.8	47.8	48.8	49.8	50.8
16.0	34.5	35.5	36.5	37.5	38.5	39.5	40.6	41.6	42.6	43.6	44.6	45.6	46.6	47.6	48.6	49.6	50.6
16.5	34.3	35.3	36.3	37.3	38.3	39.3	40.4	41.4	42.4	43.4	44.4	45.4	46.4	47.4	48.4	49.4	50.4
17.0	34.1	35.1	36.1	37.1	38.1	39.1	40.2	41.2	42.2	43.2	44.2	45.2	46.2	47.2	48.3	49.3	50.3
17.5	33.9	34.9	35.9	36.9	37.9	38.9	40.0	41.0	42.0	43.0	44.0	45.0	46.0	47.0	48.1	49.1	50.1
18.0	33.7	34.7	35.7	36.7	37.7	38.7	39.8	40.8	41.8	42.8	43.8	44.9	45.9	46.9	47.9	48.9	49.9
18.5	33.5	34.5	35.5	36.5	37.5	38.5	39.6	40.6	41.6	42.6	43.6	44.7	45.7	46.6	47.7	48.7	49.7
19.0	33.3	34.3	35.3	36.3	37.3	38.3	39.4	40.4	41.4	42.5	43.5	44.5	45.5	46.4	47.5	48.5	49.5
19.5	33.1	34.1	35.1	36.1	37.1	38.1	39.2	40.2	41.2	42.3	43.3	44.3	45.3	46.2	47.3	48.3	49.3
20.0	32.9	33.9	34.9	35.9	36.9	37.9	39.0	40.0	41.0	42.1	43.1	44.1	45.1	46.1	47.2	48.2	49.2
20.5	32.7	33.7	34.7	35.7	36.7	37.7	38.8	39.8	40.8	41.9	42.9	43.9	44.9	45.9	47.0	48.0	49.0
21.0	32.5	33.5	34.5	35.5	36.5	37.5	38.6	39.6	40.6	41.7	42.7	43.7	44.8	45.8	46.8	47.8	48.8
21.5	32.3	33.3	34.3	35.3	36.3	37.3	38.4	39.4	40.4	41.5	42.5	43.5	44.5	45.5	46.6	47.6	48.6
22.0	32.1	33.1	34.1	35.1	36.1	37.1	38.2	39.2	40.2	41.3	42.3	43.3	44.3	45.3	46.4	47.4	48.4
22.5	31.9	32.9	33.9	34.9	35.9	36.9	38.0	39.0	40.0	41.1	42.1	43.1	44.1	45.1	46.2	47.2	48.2
23.0	31.7	32.7	33.7	34.7	35.7	36.7	37.8	38.8	39.8	40.9	41.9	42.9	43.9	44.9	46.0	47.0	48.0
23.5	31.5	32.5	33.5	34.5	35.5	36.5	37.6	38.6	39.6	40.7	41.7	42.7	43.7	44.7	45.8	46.8	47.8
24.0	31.3	32.3	33.3	34.3	35.3	36.3	37.4	38.4	39.4	40.5	41.5	42.5	43.6	44.6	45.6	46.6	47.6
24.5	31.1	32.1	33.1	34.1	35.1	36.1	37.2	38.2	39.2	40.3	41.3	42.3	43.4	44.4	45.4	46.4	47.4
25.0	30.9	31.9	32.9	33.9	34.9	35.9	37.0	38.0	39.0	40.1	41.1	42.2	43.2	44.2	45.2	46.3	47.3

온도 ℃	주 정 분 (용 량 %)																
	52.0	53.0	54.0	55.0	56.0	57.0	58.0	59.0	60.0	61.0	62.0	63.0	64.0	65.0	66.0	67.0	68.0
5.0	55.6	56.6	57.5	58.5	59.5	60.4	61.4	62.4	63.4	64.3	65.3	66.3	67.3	68.3	69.2	70.2	71.2
5.5	55.4	56.4	57.3	58.3	59.3	60.2	61.2	62.2	63.2	64.1	65.1	66.1	67.1	68.1	69.0	70.0	71.0
6.0	55.2	56.2	57.1	58.1	59.1	60.1	61.0	62.0	63.0	64.0	65.0	66.0	67.0	68.0	68.9	69.9	70.9
6.5	55.0	56.0	56.9	57.9	58.9	59.9	60.8	61.8	62.8	63.8	64.8	65.8	66.8	67.8	68.7	69.7	70.7
7.0	54.9	55.9	56.8	57.8	58.8	59.8	60.7	61.7	62.7	63.7	64.7	65.7	66.7	67.6	68.6	69.6	70.6
7.5	54.7	55.7	56.6	57.6	58.6	59.6	60.5	61.5	62.5	63.5	64.5	65.5	66.5	67.4	68.4	69.4	70.4
8.0	54.6	55.5	56.5	57.5	58.5	59.5	60.4	61.4	62.4	63.4	64.4	65.4	66.4	67.3	68.3	69.3	70.2
8.5	54.4	55.3	56.3	57.3	58.3	59.3	60.2	61.2	62.2	63.2	64.2	65.2	66.2	67.1	68.1	69.1	70.0
9.0	54.2	55.1	56.1	57.1	58.1	59.1	60.0	61.0	62.0	63.0	64.0	65.0	66.0	67.0	67.9	68.9	69.9
9.5	54.0	54.9	55.9	56.9	57.9	58.9	59.8	60.8	61.8	62.8	63.8	64.8	65.8	66.8	67.7	68.7	69.7
10.0	53.8	54.8	55.8	56.8	57.8	58.8	59.7	60.7	61.7	62.7	63.7	64.7	65.7	66.7	67.6	68.6	69.6
10.5	53.6	54.6	55.6	56.6	57.6	58.6	59.5	60.5	61.5	62.5	63.5	64.5	65.5	66.5	67.4	68.4	69.4
11.0	53.5	54.4	55.4	56.4	57.4	58.4	59.4	60.4	61.4	62.4	63.4	64.4	65.4	66.4	67.3	68.3	69.3
11.5	53.3	54.2	55.2	56.2	57.2	58.2	59.2	60.2	61.2	62.2	63.2	64.2	65.2	66.2	67.1	68.1	69.1
12.0	53.1	54.1	55.0	56.0	57.0	58.0	59.0	60.0	61.0	62.0	63.0	64.0	65.0	66.0	67.0	68.0	69.0
12.5	52.9	53.9	54.8	55.8	56.8	57.8	58.8	59.8	60.8	61.8	62.8	63.8	64.8	65.8	66.8	67.8	68.8
13.0	52.7	53.7	54.7	55.7	56.7	57.7	58.7	59.7	60.7	61.7	62.7	63.7	64.7	65.7	66.7	67.7	68.7
13.5	52.5	53.5	54.5	55.5	56.5	57.5	58.5	59.5	60.5	61.5	62.5	63.5	64.5	65.5	66.5	67.5	68.5
14.0	52.3	53.3	54.3	55.3	56.3	57.3	58.3	59.3	60.3	61.3	62.3	63.3	64.3	65.3	66.3	67.3	68.3
14.5	52.1	53.1	54.1	55.1	56.1	57.1	58.1	59.1	60.1	61.1	62.1	63.1	64.1	65.1	66.1	67.1	68.1
15.0	52.0	53.0	54.0	55.0	56.0	57.0	58.0	59.0	60.0	61.0	62.0	63.0	64.0	65.0	66.0	67.0	68.0
15.5	51.8	52.8	53.8	54.8	55.8	56.8	57.8	58.8	59.8	60.8	61.8	62.8	63.8	64.8	65.8	66.8	67.8
16.0	51.6	52.6	53.6	54.6	55.6	56.6	57.6	58.6	59.6	60.6	61.7	62.7	63.7	64.7	65.7	66.7	67.7
16.5	51.4	52.4	53.4	54.4	55.4	56.4	57.4	58.4	59.4	60.4	61.5	62.5	63.5	64.5	65.5	66.5	67.5
17.0	51.3	52.3	53.3	54.3	55.3	56.3	57.3	58.3	59.3	60.3	61.3	62.3	63.3	64.3	65.3	66.3	67.3
17.5	51.1	52.1	53.1	54.1	55.1	56.1	57.1	58.1	59.1	60.1	61.1	62.1	63.1	64.1	65.1	66.1	67.1
18.0	50.9	51.9	52.9	53.9	54.9	55.9	56.9	57.9	58.9	59.9	61.0	62.0	63.0	64.0	65.0	66.0	67.0
18.5	50.7	51.7	52.7	53.7	54.7	55.7	56.7	57.7	58.7	59.7	60.8	61.8	62.8	63.8	64.8	65.8	66.8
19.0	50.6	51.6	52.6	53.6	54.6	55.6	56.6	57.6	58.6	59.6	60.6	61.6	62.7	63.7	64.7	65.7	66.7
19.5	50.4	51.4	52.4	53.4	54.4	55.4	56.4	57.4	58.4	59.4	60.4	61.4	62.5	63.5	64.5	65.5	66.5
20.0	50.2	51.2	52.2	53.2	54.2	55.2	56.2	57.2	58.2	59.2	60.3	61.3	62.3	63.3	64.3	65.4	66.4
20.5	50.0	51.0	52.0	53.0	54.0	55.0	56.0	57.0	58.0	59.0	60.1	61.1	62.1	63.1	64.1	65.2	66.2
21.0	49.8	50.8	51.8	52.9	53.9	54.9	55.9	56.9	57.9	58.9	59.9	61.0	62.0	63.0	64.0	65.0	66.0
21.5	49.6	50.6	51.6	52.7	53.7	54.7	55.7	56.7	57.7	58.7	59.7	60.8	61.8	62.8	63.8	64.8	65.8
22.0	49.4	50.4	51.4	52.5	53.5	54.5	55.5	56.5	57.5	58.5	59.5	60.6	61.6	62.7	63.7	64.7	65.7
22.5	49.2	50.2	51.2	52.3	53.3	54.3	55.3	56.3	57.3	58.3	59.3	60.4	61.4	62.5	63.5	64.5	65.5
23.0	49.1	50.1	51.1	52.1	53.1	54.1	55.1	56.1	57.1	58.1	59.2	60.2	61.3	62.3	63.3	64.3	65.4
23.5	48.9	49.9	50.9	51.9	52.9	53.9	54.9	55.9	56.9	57.9	59.0	60.0	61.1	62.1	63.1	64.1	65.2
24.0	48.7	49.7	50.7	51.8	52.8	53.8	54.8	55.8	56.8	57.8	58.9	59.9	61.0	62.0	63.0	64.0	65.0
24.5	48.5	49.5	50.5	51.6	52.6	53.6	54.6	55.6	56.6	57.6	58.7	59.7	60.8	61.8	62.8	63.8	64.8
25.0	48.3	49.3	50.3	51.4	52.4	53.4	54.4	55.5	56.5	57.5	58.5	59.5	60.6	61.6	62.6	63.7	64.7

온도 °C	주 정 분 (용 량 %)																
	69.0	70.0	71.0	72.0	73.0	74.0	75.0	76.0	77.0	78.0	79.0	80.0	81.0	82.0	83.0	84.0	85.0
5.0	72.2	73.1	74.1	75.0	76.0	77.0	78.0	79.0	80.0	81.0	81.9	82.9	83.9	84.8	85.8	86.7	87.7
5.5	72.0	72.9	73.9	74.8	75.8	76.8	77.8	78.8	79.8	80.8	81.7	82.7	83.7	84.6	85.6	86.6	87.5
6.0	71.9	72.8	73.8	74.7	75.7	76.7	77.7	78.7	79.7	80.7	81.6	82.6	83.6	84.5	85.5	86.5	87.4
6.5	71.7	72.6	73.6	74.5	75.5	76.5	77.5	78.5	79.5	80.5	81.5	82.4	83.4	84.3	85.3	86.3	87.3
7.0	71.5	72.5	73.5	74.4	75.4	76.4	77.4	78.4	79.4	80.4	81.4	82.3	83.3	84.2	85.2	86.2	87.2
7.5	71.3	72.3	73.3	74.2	75.2	76.2	77.2	78.2	79.2	80.2	81.2	82.1	83.1	84.1	85.1	86.0	87.0
8.0	71.2	72.2	73.2	74.1	75.1	76.1	77.1	78.1	79.1	80.1	81.1	82.0	83.0	84.0	85.0	85.9	86.9
8.5	71.0	72.0	73.0	73.9	74.9	75.9	76.9	77.9	78.9	79.9	80.9	81.8	82.8	83.8	84.8	85.8	86.7
9.0	70.9	71.9	72.9	73.8	74.8	75.8	76.8	77.8	78.8	79.8	80.8	81.7	82.7	83.7	84.7	85.7	86.6
9.5	70.7	71.7	72.7	73.6	74.6	75.6	76.6	77.6	78.6	79.6	80.6	81.6	82.5	83.5	84.5	85.5	86.5
10.0	70.6	71.6	72.6	73.5	74.5	75.5	76.5	77.5	78.5	79.5	80.5	81.5	82.4	83.4	84.4	85.4	86.4
10.5	70.4	71.4	72.4	73.3	74.3	75.3	76.3	77.3	78.3	79.3	80.3	81.3	82.3	83.2	84.2	85.2	86.2
11.0	70.3	71.3	72.3	73.2	74.2	75.2	76.2	77.2	78.2	79.2	80.2	81.2	82.2	83.1	84.1	85.1	86.1
11.5	70.1	71.1	72.1	73.0	74.0	75.0	76.0	77.0	78.0	79.0	80.0	81.0	82.0	83.0	84.0	85.0	86.0
12.0	70.0	71.0	72.0	72.9	73.9	74.9	75.9	76.9	77.9	78.9	79.9	80.9	81.9	82.9	83.9	84.9	85.8
12.5	69.8	70.8	71.8	72.7	73.7	74.7	75.7	76.7	77.7	78.7	79.7	80.7	81.7	82.7	83.7	84.7	85.7
13.0	69.6	70.6	71.6	72.6	73.6	74.6	75.6	76.6	77.6	78.6	79.6	80.6	81.6	82.6	83.6	84.6	85.6
13.5	69.4	70.4	71.4	72.4	73.4	74.4	75.4	76.4	77.4	78.4	79.4	80.4	81.4	82.4	83.4	84.4	85.4
14.0	69.3	70.3	71.3	72.3	73.3	74.3	75.3	76.3	77.3	78.3	79.3	80.3	81.3	82.3	83.3	84.3	85.3
14.5	69.1	70.1	71.1	72.1	73.1	74.1	75.1	76.1	77.1	78.1	79.1	80.1	81.1	82.1	83.1	84.1	85.1
15.0	69.0	70.0	71.0	72.0	73.0	74.0	75.0	76.0	77.0	78.0	79.0	80.0	81.0	82.0	83.0	84.0	85.0
15.5	68.8	69.8	70.8	71.8	72.8	73.8	74.8	75.8	76.8	77.8	78.8	79.8	80.8	81.8	82.8	83.8	84.8
16.0	68.7	69.7	70.7	71.7	72.7	73.7	74.7	75.7	76.7	77.7	78.7	79.7	80.7	81.7	82.7	83.7	84.7
16.5	68.5	69.5	70.5	71.5	72.5	73.5	74.5	75.5	76.5	77.5	78.5	79.5	80.5	81.5	82.5	83.5	84.5
17.0	68.3	69.3	70.3	71.3	72.3	73.3	74.3	75.4	76.4	77.4	78.4	79.4	80.4	81.4	82.4	83.4	84.4
17.5	68.1	69.1	70.1	71.1	72.1	73.1	74.1	75.2	76.2	77.2	78.2	79.2	80.2	81.2	82.2	83.2	84.2
18.0	68.0	69.0	70.0	71.0	72.0	73.0	74.0	75.1	76.1	77.1	78.1	79.1	80.1	81.1	82.1	83.1	84.1
18.5	67.8	68.8	69.8	70.8	71.8	72.8	73.8	74.9	75.9	76.9	77.9	78.9	79.9	80.9	82.0	83.0	84.0
19.0	67.7	68.7	69.7	70.7	71.7	72.7	73.7	74.7	75.8	76.8	77.8	78.8	79.8	80.8	81.9	82.9	83.9
19.5	67.5	68.5	69.5	70.5	71.5	72.5	73.5	74.5	75.6	76.6	77.6	78.6	79.6	80.6	81.7	82.7	83.7
20.0	67.4	68.4	69.4	70.4	71.4	72.4	73.4	74.4	75.5	76.5	77.5	78.5	79.5	80.5	81.6	82.6	83.6
20.5	67.2	68.2	69.2	70.2	71.2	72.2	73.2	74.2	75.3	76.3	77.3	78.3	79.3	80.3	81.4	82.4	83.4
21.0	67.0	68.1	69.1	70.1	71.1	72.1	73.1	74.1	75.2	76.2	77.2	78.2	79.2	80.2	81.3	82.3	83.3
21.5	66.8	67.9	68.9	69.9	70.9	71.9	72.9	73.9	75.0	76.0	77.0	78.0	79.0	80.0	81.1	82.1	83.1
22.0	66.7	67.8	68.8	69.8	70.8	71.8	72.8	73.8	74.8	75.9	76.9	77.9	78.9	79.9	81.0	82.0	83.0
22.5	66.5	67.6	68.6	69.6	70.6	71.6	72.6	73.6	74.6	75.7	76.7	77.7	78.7	79.7	80.8	81.8	82.8
23.0	66.4	67.4	68.4	69.4	70.5	71.5	72.5	73.5	74.5	75.5	76.6	77.6	78.6	79.6	80.7	81.7	82.7
23.5	66.2	67.2	68.2	69.2	70.3	71.3	72.3	73.3	74.3	75.3	76.4	77.4	78.4	79.4	80.5	81.5	82.5
24.0	66.0	67.1	68.1	69.1	70.1	71.2	72.2	73.2	74.2	75.2	76.3	77.3	78.3	79.3	80.4	81.4	82.4
24.5	65.8	66.9	67.9	68.9	69.9	71.0	72.0	73.0	74.0	75.0	76.1	77.1	78.1	79.1	80.2	81.2	82.3
25.0	65.7	66.7	67.8	68.8	69.8	70.8	71.8	72.8	73.9	74.9	76.0	77.0	78.0	79.0	80.1	81.1	82.2

온도 ℃	주 정 분 (용 량 %)													
	86.0	87.0	88.0	89.0	90.0	91.0	92.0	93.0	94.0	95.0	96.0	97.0	98.0	99.0	100.0
5.0	88.6	89.6	90.5	91.5	92.4	93.4	94.3	95.2	96.1	97.0	97.9	98.8	99.7		
5.5	88.5	89.4	90.3	91.3	92.3	93.2	94.2	95.1	96.0	96.9	97.8	98.7	99.6		
6.0	88.4	89.3	90.2	91.2	92.2	93.1	94.1	95.0	95.9	96.8	97.8	98.7	99.6		
6.5	88.2	89.2	90.1	91.1	92.1	93.0	94.0	94.9	95.8	96.7	97.7	98.6	99.5		
7.0	88.1	89.1	90.0	91.0	92.0	92.9	93.9	94.8	95.7	96.6	97.6	98.5	99.4		
7.5	88.0	88.9	89.9	90.8	91.8	92.8	93.7	94.7	95.6	96.5	97.5	98.4	99.3		
8.0	87.9	88.8	89.8	90.7	91.7	92.7	93.6	94.6	95.5	96.4	97.4	98.3	99.2		
8.5	87.7	88.7	89.6	90.6	91.6	92.6	93.5	94.5	95.4	96.3	97.3	98.2	99.1		
9.0	87.6	88.6	89.5	90.5	91.5	92.5	93.4	94.4	95.3	96.2	97.2	98.1	99.0	100.0	
9.5	87.5	88.5	89.4	90.3	91.3	92.3	93.3	94.3	95.2	96.1	97.1	98.0	98.9	99.9	
10.0	87.4	88.3	89.3	90.2	91.2	92.2	93.2	94.2	95.1	96.0	97.0	98.0	98.9	99.9	
10.5	87.2	88.1	89.1	90.1	91.1	92.1	93.0	94.0	95.0	95.9	96.9	97.9	98.8	99.8	
11.0	87.1	88.0	89.0	90.0	91.0	92.0	92.9	93.9	94.9	95.8	96.8	97.8	98.7	99.7	
11.5	86.9	87.9	88.8	89.8	90.8	91.8	92.8	93.8	94.8	95.7	96.7	97.7	98.6	99.6	
12.0	86.8	87.8	88.7	89.7	90.7	91.7	92.7	93.7	94.7	95.6	96.6	97.6	98.5	99.5	
12.5	86.6	87.6	88.6	89.6	90.6	91.6	92.6	93.6	94.5	95.5	96.5	97.5	98.4	99.4	
13.0	86.5	87.5	88.5	89.5	90.5	91.5	92.5	93.5	94.4	95.4	96.4	97.4	98.4	99.3	
13.5	86.4	87.4	88.4	89.3	90.3	91.3	92.3	93.3	94.3	95.3	96.3	97.3	98.3	99.2	
14.0	86.3	87.3	88.3	89.2	90.2	91.2	92.2	93.2	94.2	95.2	96.2	97.2	98.2	99.2	
14.5	86.1	87.1	88.1	89.1	90.1	91.1	92.1	93.1	94.1	95.1	96.1	97.1	98.1	99.1	
15.0	86.0	87.0	88.0	89.0	90.0	91.0	92.0	93.0	94.0	95.0	96.0	97.0	98.0	99.0	100.0
15.5	85.8	86.8	87.8	88.8	89.8	90.9	91.9	92.9	93.9	94.9	95.9	96.9	97.9	98.9	99.9
16.0	85.7	86.7	87.7	88.7	89.7	90.8	91.8	92.8	93.8	94.8	95.8	96.8	97.8	98.8	99.8
16.5	85.5	86.5	87.5	88.5	89.6	90.6	91.6	92.7	93.7	94.7	95.7	96.7	97.7	98.7	99.7
17.0	85.4	86.4	87.4	88.4	89.5	90.5	91.5	92.6	93.6	94.6	95.6	96.6	97.6	98.7	99.7
17.5	85.3	86.3	87.3	88.3	89.3	90.3	91.4	92.4	93.4	94.4	95.5	96.5	97.5	98.6	99.6
18.0	85.2	86.2	87.2	88.2	89.2	90.2	91.3	92.3	93.3	94.3	95.4	96.4	97.4	98.5	99.5
18.5	85.0	86.0	87.0	88.0	89.0	90.1	91.2	92.2	93.2	94.2	95.3	96.3	97.3	98.4	99.4
19.0	84.9	85.9	86.9	87.9	88.9	90.0	91.1	92.1	93.1	94.1	95.2	96.2	97.3	98.3	99.3
19.5	84.7	85.7	86.7	87.8	88.8	89.8	90.9	91.9	93.0	94.0	95.1	96.1	97.2	98.2	99.2
20.0	84.6	85.6	86.6	87.7	88.7	89.7	90.8	91.8	92.9	93.9	95.0	96.0	97.1	98.1	99.1
20.5	84.4	85.4	86.5	87.5	88.5	89.6	90.6	91.7	92.7	93.8	94.8	95.9	97.0	98.0	99.0
21.0	84.3	85.3	86.4	87.4	88.4	89.5	90.5	91.6	92.6	93.7	94.7	95.8	96.9	97.9	99.0
21.5	84.1	85.1	86.2	87.2	88.2	89.3	90.3	91.4	92.5	93.5	94.6	95.7	96.8	97.8	98.9
22.0	84.0	85.0	86.1	87.1	88.1	89.2	90.2	91.3	92.4	93.4	94.5	95.6	96.7	97.7	98.8
22.5	83.9	84.9	85.9	86.9	88.0	89.1	90.1	91.2	92.2	93.3	94.4	95.5	96.6	97.6	98.7
23.0	83.8	84.8	85.8	86.8	87.9	89.0	90.0	91.1	92.1	93.2	94.3	95.4	96.5	97.5	98.6
23.5	83.6	84.6	85.6	86.6	87.7	88.8	89.8	90.9	92.0	93.1	94.2	95.3	96.3	97.4	98.5
24.0	83.5	84.5	85.5	86.5	87.6	88.7	89.7	90.8	91.9	93.0	94.1	95.2	96.2	97.3	98.4
24.5	83.3	84.3	85.3	86.4	87.5	88.5	89.6	90.7	91.7	92.8	93.9	95.0	96.1	97.2	98.3
25.0	83.2	84.2	85.2	86.3	87.4	88.4	89.5	90.6	91.6	92.7	93.8	94.9	96.0	97.1	98.2

참고 문헌

《우리땅에서 익은 우리술》, 조정형, 서해문집, 2008

《전통주 제조기술》, 배상면, 배상면주류연구소, 2002

《한국의 저장 발효음식》, 윤숙자, 신광출판사, 2003

《우리나라 술의 발달사》, 정동효, 신광출판사, 2004

《음식디미방》, 사)한국가양주협회, 2009

《산가요록》, 사)한국가양주협회, 2009

《역주방문》, 사)한국가양주협회, 2009

《아름다운 우리술》, 윤숙자 권희자공저, 도서출판질시루, 2007

《주류제조교본》, 국세청기술연구소, 2002

《2007전통주와전통음식의만남》, 사)한국전통주연구소, 사)한국전통음식연구소, 2007

《천연식초의 효능과 가공방법 생활속의 식초 활용법》, 서울시농업기술센터, 2010

《사)한국전통주연구소 전통주 강의교재》, 사)한국전통주연구소, 2007

《사)한국가양주협회 전통주 강의교재》, 사)한국가양주협회, 2009

《식품미생물학》, 유상렬외 7인공저, 수학사, 2009

《과실주 특론》, 정철, 서울벤쳐대학원 대학교, 2011

《맥주특론》, 정철, 서울벤쳐대학원 대학교, 2012

《탁·약주개론》, 김계원외 5인 공저, 수학사